Carnet de liaison Nounou à remplir

Ma jolie photo	01
Restons en contact	02
Mon mode d'accueil	03
Les autorisations	04
Mes petites habitudes	05
Mon doudou	06
Ma santé	07
Mon traitement actuel	08
Mon alimentation	09
Mon emploi du temps	10
Une belle année en perspective	11-12
Souvenirs chez Nounou	13-36
300 jours de suivi	37-188
Informations des parents	189-197

(Pour les petits mots occasionnels des parents)

Nouvelle édition enrichie 2022

Format 10 x 13 cm

Je m'appelle

....

Je suis né(e) le .... / .... / ....

Restons en contact

♡ **Parent :** ....

Tél .... Tél travail ....

Adresse ....

....

Email ....

♡ **Parent :** ....

Tél .... Tél travail ....

Adresse ....

....

Email ....

♡ **Autre Contact:** ....

Tél .... Tél travail ....

Adresse ....

....

Email ....

♡ **Autre Contact:** ....

Tél .... Tél travail ....

Adresse ....

....

Email ....

Mon mode d'accueil

Mon Assistant(e) Maternel(le) : ....

Tél .... Tél Mobile ....

Adresse ....
....

Email ....

Les conseils de mon Assistant(e) Maternel(le) pour un accueil réussi :
....
....
....
....
....
....
....
....
....
....
....
....
....
....
....
....
....

Les autorisations

Nous, soussignés ....
parents de l'enfant ....

☐ Autorisons ☐ N'autorisons pas que notre enfant soit filmé et/ou pris en photo lorsqu'il est sous la responsabilité de son Assistant(e) Maternel(le) M /Mme ....

☐ Autorisons ☐ N'autorisons pas M /Mme ....
assistant(e) maternel(le) à transporter notre enfant dans son véhicule.

☐ Autorisons ☐ N'autorisons pas M /Mme ....
assistant(e) maternel(le) agréé(e), sous réserve d'en être préalablement informés, à emmener notre enfant (préciser le cas échéant les trajets autorisés):
....
....
....
....
....

Autres remarques: ....
....
....
....

Personnes habilitées à récupérer notre enfant (autres que les tuteurs légaux):
1. ....
2. ....
3. ....

Fait à .... Le ....

Signatures

Mes petites habitudes

Mon Doudou s'appelle ....

Sucette? ☐ Oui   ☐ Non

Horaire(s) habituel(s) de(s) sieste(s) : ....
....
....

Rituel(s) d'endormissement: ....
....
....
....

Soins divers (crème de change, traitement chronique ...)
....
....
....
....

Activités préférées: ....
....
....

Autres remarques sur mon environnement à la maison
....
....
....
....
....

Mon Doudou

Format 10 x 13 cm

Ma Santé

Mon Pédiatre ....
Adresse: ....
....
....

Tél : ....

Dates des derniers vaccins obligatoires:

Diphterie/ Tétanos/ Polio: ....
Coqueluche : ....
Hépatite B : ....
Pneumocoque : ....
Méningocoque : ....
Rougeole / Oreillons /Rubéole : ....

Informations que mes parents souhaitent transmettre à ma Nounou :

....
....
....
....
....
....
....
....
....
....
....
....
....
....
....

Mon traitement actuel

Période	Médicaments	Posologie

Mon alimentation

Horaires habituelles de mes repas ....
....

Spécificités repas (allergie, intolérance, dosage...)
....
....
....
....

Remarque : La DME aussi bénéfique soit elle, nécessite un environnement particulier pour être réalisée en toute sécurité. Elle est donc déconseillée par les pédiatres lors des temps de garde, en cas de doute n'hésitez pas à demander conseil à votre PMI.

Je mange en : ☐ Purée lisse ☐ Mouliné/écrasé ☐ Morceaux
☐ Purée épaisse

Liste des aliments déjà introduits à la maison :

....
....
....
....
....
....

J'aime

....
....
....

J'aime pas

....
....
....

Mon Emploi du temps

Semaine 1

Lundi	Mardi	Mercredi	Jeudi	Vendredi	Samedi	Dimanche
de: ….h…..	de: ….h…..	de: ….h…..	de: ….h…..	de: ….h…..	de: ….h…..	de: ….h…..
à: ….h…..	à: ….h…..	à: ….h…..	à: ….h…..	à: ….h…..	à: ….h…..	à: ….h…..

Total hebdomadaire : H

Semaine 2

Lundi	Mardi	Mercredi	Jeudi	Vendredi	Samedi	Dimanche
de: ….h…..	de: ….h…..	de: ….h…..	de: ….h…..	de: ….h…..	de: ….h…..	de: ….h…..
à: ….h…..	à: ….h…..	à: ….h…..	à: ….h…..	à: ….h…..	à: ….h…..	à: ….h…..

Total hebdomadaire : H

Mes vacances :   Les vacances de ma Nounou :

du ….. / ….. / ….. au ….. / ….. / …..   du ….. / ….. / ….. au ….. / ….. / …..
du ….. / ….. / ….. au ….. / ….. / …..   du ….. / ….. / ….. au ….. / ….. / …..
du ….. / ….. / ….. au ….. / ….. / …..   du ….. / ….. / ….. au ….. / ….. / …..
du ….. / ….. / ….. au ….. / ….. / …..   du ….. / ….. / ….. au ….. / ….. / …..
du ….. / ….. / ….. au ….. / ….. / …..   du ….. / ….. / ….. au ….. / ….. / …..

Autres dates importantes (jours fériés, formation, etc…) :

……………………………………………………………………………………………………
……………………………………………………………………………………………………
……………………………………………………………………………………………………
……………………………………………………………………………………………………

Une Belle Année en perspective …

Mois de ……………

01. ……………………
02. ……………………
03. ……………………
04. ……………………
05. ……………………
06. ……………………
07. ……………………
08. ……………………
09. ……………………
10. ……………………
11. ……………………
12. ……………………
13. ……………………
14. ……………………
15. ……………………
16. ……………………
17. ……………………
18. ……………………
19. ……………………
20. ……………………
21. ……………………
22. ……………………
23. ……………………
24. ……………………
25. ……………………
26. ……………………
27. ……………………
28. ……………………
29. ……………………
30. ……………………
31. ……………………

Mois de ……………

01. ……………………
02. ……………………
03. ……………………
04. ……………………
05. ……………………
06. ……………………
07. ……………………
08. ……………………
09. ……………………
10. ……………………
11. ……………………
12. ……………………
13. ……………………
14. ……………………
15. ……………………
16. ……………………
17. ……………………
18. ……………………
19. ……………………
20. ……………………
21. ……………………
22. ……………………
23. ……………………
24. ……………………
25. ……………………
26. ……………………
27. ……………………
28. ……………………
29. ……………………
30. ……………………
31. ……………………

Mois de ……………

01. ……………………
02. ……………………
03. ……………………
04. ……………………
05. ……………………
06. ……………………
07. ……………………
08. ……………………
09. ……………………
10. ……………………
11. ……………………
12. ……………………
13. ……………………
14. ……………………
15. ……………………
16. ……………………
17. ……………………
18. ……………………
19. ……………………
20. ……………………
21. ……………………
22. ……………………
23. ……………………
24. ……………………
25. ……………………
26. ……………………
27. ……………………
28. ……………………
29. ……………………
30. ……………………
31. ……………………

Mois de ……………

01. ……………………
02. ……………………
03. ……………………
04. ……………………
05. ……………………
06. ……………………
07. ……………………
08. ……………………
09. ……………………
10. ……………………
11. ……………………
12. ……………………
13. ……………………
14. ……………………
15. ……………………
16. ……………………
17. ……………………
18. ……………………
19. ……………………
20. ……………………
21. ……………………
22. ……………………
23. ……………………
24. ……………………
25. ……………………
26. ……………………
27. ……………………
28. ……………………
29. ……………………
30. ……………………
31. ……………………

Mois de ……………

01. ……………………
02. ……………………
03. ……………………
04. ……………………
05. ……………………
06. ……………………
07. ……………………
08. ……………………
09. ……………………
10. ……………………
11. ……………………
12. ……………………
13. ……………………
14. ……………………
15. ……………………
16. ……………………
17. ……………………
18. ……………………
19. ……………………
20. ……………………
21. ……………………
22. ……………………
23. ……………………
24. ……………………
25. ……………………
26. ……………………
27. ……………………
28. ……………………
29. ……………………
30. ……………………
31. ……………………

Mois de ……………

01. ……………………
02. ……………………
03. ……………………
04. ……………………
05. ……………………
06. ……………………
07. ……………………
08. ……………………
09. ……………………
10. ……………………
11. ……………………
12. ……………………
13. ……………………
14. ……………………
15. ……………………
16. ……………………
17. ……………………
18. ……………………
19. ……………………
20. ……………………
21. ……………………
22. ……………………
23. ……………………
24. ……………………
25. ……………………
26. ……………………
27. ……………………
28. ……………………
29. ……………………
30. ……………………
31. ……………………

Mois de ……………

01. ……………………
02. ……………………
03. ……………………
04. ……………………
05. ……………………
06. ……………………
07. ……………………
08. ……………………
09. ……………………
10. ……………………
11. ……………………
12. ……………………
13. ……………………
14. ……………………
15. ……………………
16. ……………………
17. ……………………
18. ……………………
19. ……………………
20. ……………………
21. ……………………
22. ……………………
23. ……………………
24. ……………………
25. ……………………
26. ……………………
27. ……………………
28. ……………………
29. ……………………
30. ……………………
31. ……………………

Mois de ...

Mois de ...	Mois de ...	Mois de ...	Mois de ...	Mois de ...	Mois de ...	Mois de ...
01.	01.	01.	01.	01.	01.	01.
02.	02.	02.	02.	02.	02.	02.
03.	03.	03.	03.	03.	03.	03.
04.	04.	04.	04.	04.	04.	04.
05.	05.	05.	05.	05.	05.	05.
06.	06.	06.	06.	06.	06.	06.
07.	07.	07.	07.	07.	07.	07.
08.	08.	08.	08.	08.	08.	08.
09.	09.	09.	09.	09.	09.	09.
10.	10.	10.	10.	10.	10.	10.
11.	11.	11.	11.	11.	11.	11.
12.	12.	12.	12.	12.	12.	12.
13.	13.	13.	13.	13.	13.	13.
14.	14.	14.	14.	14.	14.	14.
15.	15.	15.	15.	15.	15.	15.
16.	16.	16.	16.	16.	16.	16.
17.	17.	17.	17.	17.	17.	17.
18.	18.	18.	18.	18.	18.	18.
19.	19.	19.	19.	19.	19.	19.
20.	20.	20.	20.	20.	20.	20.
21.	21.	21.	21.	21.	21.	21.
22.	22.	22.	22.	22.	22.	22.
23.	23.	23.	23.	23.	23.	23.
24.	24.	24.	24.	24.	24.	24.
25.	25.	25.	25.	25.	25.	25.
26.	26.	26.	26.	26.	26.	26.
27.	27.	27.	27.	27.	27.	27.
28.	28.	28.	28.	28.	28.	28.
29.	29.	29.	29.	29.	29.	29.
30.	30.	30.	30.	30.	30.	30.
31.	31.	31.	31.	31.	31.	31.

Souvenirs chez Nounou

Mes petites anecdotes du mois de : ....
....
....
....
....
....

Mes moments préférés

Semaine 1 : ....
....
....
....

Semaine 2 : ....
....
....
....

Semaine 3 : ....
....
....
....

Semaine 4 : ....
....
....
....

Espace Collage, photo...

Souvenirs chez Nounou

Mes petites anecdotes du mois de : ....
....
....
....
....
....

Mes moments préférés

Semaine 1 : ....
....
....
....

Semaine 2 : ....
....
....
....

Semaine 3 : ....
....
....
....

Semaine 4 : ....
....
....
....

Espace Collage, photo...

Souvenirs chez Nounou

Mes petites anecdotes du mois de : ....
....
....
....
....
....

Mes moments préférés

Semaine 1 : ....
....
....
....

Semaine 2 : ....
....
....
....

Semaine 3 : ....
....
....
....

Semaine 4 : ....
....
....
....

Espace Collage, photo...

Souvenirs chez Nounou

Mes petites anecdotes du mois de : ....
....
....
....
....
....

Mes moments préférés

Semaine 1 : ....
....
....
....

Semaine 2 : ....
....
....
....

Semaine 3 : ....
....
....
....

Semaine 4 : ....
....
....
....

Espace Collage, photo...

Souvenirs chez Nounou

Mes petites anecdotes du mois de : ....
....
....
....
....
....

Mes moments préférés

Semaine 1 : ....
....
....
....

Semaine 2 : ....
....
....
....

Semaine 3 : ....
....
....
....

Semaine 4 : ....
....
....
....

Espace Collage, photo...

Souvenirs chez Nounou

Mes petites anecdotes du mois de : ....
....
....
....
....
....

Mes moments préférés

Semaine 1 : ....
....
....
....

Semaine 2 : ....
....
....
....

Semaine 3 : ....
....
....
....

Semaine 4 : ....
....
....
....

Espace Collage, photo…

Souvenirs chez Nounou

Mes petites anecdotes du mois de : ....
....
....
....
....
....

Mes moments préférés

Semaine 1 : ....
....
....
....

Semaine 2 : ....
....
....
....

Semaine 3 : ....
....
....
....

Semaine 4 : ....
....
....
....

Espace Collage, photo...

Souvenirs chez Nounou

♥ Mes petites anecdotes du mois de : ....
....
....
....
....
....

Mes moments préférés

Semaine 1 : ....
....
....

Semaine 2 : ....
....
....

Semaine 3 : ....
....
....

Semaine 4 : ....
....
....

Espace Collage, photo...

Souvenirs chez Nounou

Mes petites anecdotes du mois de : ....
....
....
....
....
....

Mes moments préférés

Semaine 1 : ....
....
....
....

Semaine 2 : ....
....
....
....

Semaine 3 : ....
....
....
....

Semaine 4 : ....
....
....
....

Espace Collage, photo...

Souvenirs chez Nounou

Mes petites anecdotes du mois de : ....
....
....
....
....
....

Mes moments préférés

Semaine 1 : ....
....
....

Semaine 2 : ....
....
....

Semaine 3 : ....
....
....

Semaine 4 : ....
....
....

Espace Collage, photo...

Souvenirs chez Nounou

Mes petites anecdotes du mois de : ....
....
....
....
....
....

Mes moments préférés

Semaine 1 : ....
....
....

Semaine 2 : ....
....
....

Semaine 3 : ....
....
....

Semaine 4 : ....
....
....

Espace Collage, photo...

Souvenirs chez Nounou

Mes petites anecdotes du mois de : ....
....
....
....
....
....

Mes moments préférés

Semaine 1 : ....
....
....
....

Semaine 2 : ....
....
....
....

Semaine 3 : ....
....
....
....

Semaine 4 : ....
....
....
....

Espace Collage, photo...

300 jours de suivi

Date : ..... / ....h..../....h....   ☀️ ☁️ **Infos des Parents?** voir page ....

Repas: ....
....
....
....
....
....

Collation(s): ....
....

Biberon(s)
.....h...... > ....ml
.....h...... > ....ml
.....h...... > ....ml
.....h...... > ....ml

Soins: ....

Urines
☐☐☐☐
☐☐☐☐

Selles: N:normale / M:molle / D: dure
☐☐☐☐

Sommeil ex 10h30 > 35' bien dormi
.....h...... > ....
.....h...... > ....
.....h...... > ....

Activités: ....
....
....

Notes: ....
....
....
....
....
....

Date : ..... / ....h..../....h....   ☀️ ☁️ **Infos des Parents?** voir page ....

Repas: ....
....
....
....
....
....

Collation(s): ....
....

Biberon(s)
.....h...... > ....ml
.....h...... > ....ml
.....h...... > ....ml
.....h...... > ....ml

Soins: ....

Urines
☐☐☐☐
☐☐☐☐

Selles: N:normale / M:molle / D: dure
☐☐☐☐

Sommeil ex 10h30 > 35' bien dormi
.....h...... > ....
.....h...... > ....
.....h...... > ....

Activités: ....
....
....

Notes: ....
....
....
....
....
....

Date : ..... / ....h..... / ....h.....   **Infos des Parents?** voir page ....

Repas: ....
....
....
....
....

Collation(s): ....
....

Biberon(s)
.....h..... > .... ml
.....h..... > .... ml
.....h..... > .... ml
.....h..... > .... ml

Soins: ....

Urines
☐☐☐☐☐
☐☐☐☐☐

Selles: N:normale
M:molle / D: dure
☐☐☐☐☐

Sommeil ex 10h30 > 35' bien dormi
.....h..... > ....
.....h..... > ....
.....h..... > ....

Activités: ....
....
....

Notes: ....
....
....
....
....

Date : ..... / ....h..... / ....h.....   **Infos des Parents?** voir page ....

Repas: ....
....
....
....
....

Collation(s): ....
....

Biberon(s)
.....h..... > .... ml
.....h..... > .... ml
.....h..... > .... ml
.....h..... > .... ml

Soins: ....

Urines
☐☐☐☐☐
☐☐☐☐☐

Selles: N:normale
M:molle / D: dure
☐☐☐☐☐

Sommeil ex 10h30 > 35' bien dormi
.....h..... > ....
.....h..... > ....
.....h..... > ....

Activités: ....
....
....

Notes: ....
....
....
....
....

Date : ...../..... ....h..../....h.... ☀️☁️ **Infos des Parents?** voir page ....

Repas: ....
....
....
....
....

Collation(s): ....
....

Biberon(s)
.....h..... > ....ml
.....h..... > ....ml
.....h..... > ....ml
.....h..... > ....ml

Urines
☐☐☐☐
☐☐☐☐

Selles: N:normale
M:molle / D: dure
☐☐☐☐

Soins: ....

Sommeil ex 10h30 > 35' bien dormi
.....h..... > ....
.....h..... > ....
.....h..... > ....

Activités: ....
....

Notes: ....
....
....
....
....

Date : ...../..... ....h..../....h.... ☀️☁️ **Infos des Parents?** voir page ....

Repas: ....
....
....
....
....

Collation(s): ....
....

Biberon(s)
.....h..... > ....ml
.....h..... > ....ml
.....h..... > ....ml
.....h..... > ....ml

Urines
☐☐☐☐
☐☐☐☐

Selles: N:normale
M:molle / D: dure
☐☐☐☐

Soins: ....

Sommeil ex 10h30 > 35' bien dormi
.....h..... > ....
.....h..... > ....
.....h..... > ....

Activités: ....
....

Notes: ....
....
....
....
....

Date : ...../..... ....h..../...h.... **Infos des Parents?** voir page ....

Repas: ....
....
....
....
....

Collation(s): ....
....

Biberon(s)
.....h...... > ....ml
.....h...... > ....ml
.....h...... > ....ml
.....h...... > ....ml

Soins: ....

Urines
☐☐☐☐☐
☐☐☐☐☐

Selles: N:normale / M:molle / D: dure
☐☐☐☐☐

Sommeil ex 10h30 > 35' bien dormi
.....h...... > ....
.....h...... > ....
.....h...... > ....

Activités: ....
....
....

Notes: ....
....
....
....

Date : ...../..... ....h..../...h.... **Infos des Parents?** voir page ....

Repas: ....
....
....
....
....

Collation(s): ....
....

Biberon(s)
.....h...... > ....ml
.....h...... > ....ml
.....h...... > ....ml
.....h...... > ....ml

Soins: ....

Urines
☐☐☐☐☐
☐☐☐☐☐

Selles: N:normale / M:molle / D: dure
☐☐☐☐☐

Sommeil ex 10h30 > 35' bien dormi
.....h...... > ....
.....h...... > ....
.....h...... > ....

Activités: ....
....
....

Notes: ....
....
....
....

Date : ..../..... ....h..../....h.... **Infos des Parents?** voir page ....

Repas: ....
....
....
....
....
....

Collation(s): ....
....

Biberon(s)
.....h...... > ....ml
.....h...... > ....ml
.....h...... > ....ml
.....h...... > ....ml

Urines
☐☐☐☐
☐☐☐☐

Selles: N:normale / M:molle / D: dure
☐☐☐☐

Soins: ....

Sommeil ex 10h30 > 35' bien dormi
.....h...... > ....
.....h...... > ....
.....h...... > ....

Activités: ....
....
....

Notes: ....
....
....
....
....
....

Date : ..../..... ....h..../....h.... **Infos des Parents?** voir page ....

Repas: ....
....
....
....
....
....

Collation(s): ....
....

Biberon(s)
.....h...... > ....ml
.....h...... > ....ml
.....h...... > ....ml
.....h...... > ....ml

Urines
☐☐☐☐
☐☐☐☐

Selles: N:normale / M:molle / D: dure
☐☐☐☐

Soins: ....

Sommeil ex 10h30 > 35' bien dormi
.....h...... > ....
.....h...... > ....
.....h...... > ....

Activités: ....
....
....

Notes: ....
....
....
....
....
....

Date : ...../..... ....h..../....h.... **Infos des Parents?** voir page ....

Repas: ....
....
....
....
....
....

Collation(s): ....
....

Biberon(s)
......h...... > ....ml
......h...... > ....ml
......h...... > ....ml
......h...... > ....ml

Soins: ....

Urines ☐☐☐☐☐ ☐☐☐☐☐

Selles: N:normale / M:molle / D: dure
☐☐☐☐☐

Sommeil ex 10h30 > 35' bien dormi
......h...... > ....
......h...... > ....
......h...... > ....

Activités: ....
....
....

Notes: ....
....
....
....
....

Date : ...../..... ....h..../....h.... **Infos des Parents?** voir page ....

Repas: ....
....
....
....
....
....

Collation(s): ....
....

Biberon(s)
......h...... > ....ml
......h...... > ....ml
......h...... > ....ml
......h...... > ....ml

Soins: ....

Urines ☐☐☐☐☐ ☐☐☐☐☐

Selles: N:normale / M:molle / D: dure
☐☐☐☐☐

Sommeil ex 10h30 > 35' bien dormi
......h...... > ....
......h...... > ....
......h...... > ....

Activités: ....
....
....

Notes: ....
....
....
....
....

Date : ...../..... ....h.../...h.... ☀️ ☁️ **Infos des Parents?** voir page ....

Repas: ....
....
....
....
....
....

Collation(s): ....
....

Biberon(s)
.....h...... > ....ml
.....h...... > ....ml
.....h...... > ....ml
.....h...... > ....ml

Urines
☐☐☐☐
☐☐☐☐

Selles: N:normale M:molle / D: dure
☐☐☐☐

Soins: ....

Sommeil ex 10h30 > 35' bien dormi
.....h...... > ....
.....h...... > ....
.....h...... > ....

Activités: ....
....
....

Notes: ....
....
....
....
....

Date : ...../..... ....h.../...h.... ☀️ ☁️ **Infos des Parents?** voir page ....

Repas: ....
....
....
....
....
....

Collation(s): ....
....

Biberon(s)
.....h...... > ....ml
.....h...... > ....ml
.....h...... > ....ml
.....h...... > ....ml

Urines
☐☐☐☐
☐☐☐☐

Selles: N:normale M:molle / D: dure
☐☐☐☐

Soins: ....

Sommeil ex 10h30 > 35' bien dormi
.....h...... > ....
.....h...... > ....
.....h...... > ....

Activités: ....
....
....

Notes: ....
....
....
....
....

Date : ...../..... ....h..../....h.... ☀️ ☁️ **Infos des Parents?** voir page ....

Repas: ....
....
....
....
....

Collation(s): ....
....

Biberon(s)
.....h..... > ....ml
.....h..... > ....ml
.....h..... > ....ml
.....h..... > ....ml

Soins: ....

Urines
☐ ☐ ☐ ☐ ☐
☐ ☐ ☐ ☐ ☐
Selles: N:normale
M:molle / D: dure
☐ ☐ ☐ ☐ ☐

Sommeil ex 10h30 > 35' bien dormi
.....h..... > ....
.....h..... > ....
.....h..... > ....

Activités: ....
....
....

Notes: ....
....
....
....
....
....

Date : ...../..... ....h..../....h.... ☀️ ☁️ **Infos des Parents?** voir page ....

Repas: ....
....
....
....
....

Collation(s): ....
....

Biberon(s)
.....h..... > ....ml
.....h..... > ....ml
.....h..... > ....ml
.....h..... > ....ml

Soins: ....

Urines
☐ ☐ ☐ ☐ ☐
☐ ☐ ☐ ☐ ☐
Selles: N:normale
M:molle / D: dure
☐ ☐ ☐ ☐ ☐

Sommeil ex 10h30 > 35' bien dormi
.....h..... > ....
.....h..... > ....
.....h..... > ....

Activités: ....
....
....

Notes: ....
....
....
....
....
....

Date : ....../...... ....h..../....h....   ☀️☁️ **Infos des Parents?** voir page ....

Repas: ....
....
....
....
....
....

Collation(s): ....
....

Biberon(s)   **Urines**
.....h...... > ....ml   ☐☐☐☐
.....h...... > ....ml   ☐☐☐☐
.....h...... > ....ml   **Selles:** N:normale
.....h...... > ....ml   M:molle / D: dure

Soins:.............................   ☐☐☐☐

Sommeil ex 10h30 > 35' bien dormi
.....h...... > ....
.....h...... > ....
.....h...... > ....

Activités:..................................
....

Notes:......................................
....
....
....
....
....

Date : ....../...... ....h..../....h....   ☀️☁️ **Infos des Parents?** voir page ....

Repas: ....
....
....
....
....
....

Collation(s): ....
....

Biberon(s)   **Urines**
.....h...... > ....ml   ☐☐☐☐
.....h...... > ....ml   ☐☐☐☐
.....h...... > ....ml   **Selles:** N:normale
.....h...... > ....ml   M:molle / D: dure

Soins:.............................   ☐☐☐☐

Sommeil ex 10h30 > 35' bien dormi
.....h...... > ....
.....h...... > ....
.....h...... > ....

Activités:..................................
....

Notes:......................................
....
....
....
....
....

Date : ...../..... ....h..../....h.... **Infos des Parents?** voir page ....

Repas: ....
....
....
....

Collation(s): ....
....

Biberon(s)
.....h..... > ....ml
.....h..... > ....ml
.....h..... > ....ml
.....h..... > ....ml

Soins: ....

Urines
☐☐☐☐
☐☐☐☐

Selles: N:normale / M:molle / D: dure
☐☐☐☐☐

Sommeil ex 10h30 > 35' bien dormi
.....h..... > ....
.....h..... > ....
.....h..... > ....

Activités: ....
....
....

Notes: ....
....
....
....

Date : ...../..... ....h..../....h.... **Infos des Parents?** voir page ....

Repas: ....
....
....
....
....

Collation(s): ....
....

Biberon(s)
.....h..... > ....ml
.....h..... > ....ml
.....h..... > ....ml
.....h..... > ....ml

Soins: ....

Urines
☐☐☐☐
☐☐☐☐

Selles: N:normale / M:molle / D: dure
☐☐☐☐☐

Sommeil ex 10h30 > 35' bien dormi
.....h..... > ....
.....h..... > ....
.....h..... > ....

Activités: ....
....
....

Notes: ....
....
....
....

Date : ..../..... ....h..../...h.... ☀️☁️ **Infos des Parents?** voir page ....

Repas: ....
....
....
....
....
....

Collation(s): ....
....

Biberon(s)
.....h..... > ....ml
.....h..... > ....ml
.....h..... > ....ml
.....h..... > ....ml

Urines
☐ ☐ ☐ ☐ ☐
☐ ☐ ☐ ☐ ☐

Selles: N:normale
M:molle / D: dure
☐ ☐ ☐ ☐ ☐

Soins: ....

Sommeil ex 10h30 > 35' bien dormi
.....h..... > ....
.....h..... > ....
.....h..... > ....

Activités: ....
....
....

Notes: ....
....
....
....
....

Date : ..../..... ....h..../...h.... ☀️☁️ **Infos des Parents?** voir page ....

Repas: ....
....
....
....
....
....

Collation(s): ....
....

Biberon(s)
.....h..... > ....ml
.....h..... > ....ml
.....h..... > ....ml
.....h..... > ....ml

Urines
☐ ☐ ☐ ☐ ☐
☐ ☐ ☐ ☐ ☐

Selles: N:normale
M:molle / D: dure
☐ ☐ ☐ ☐ ☐

Soins: ....

Sommeil ex 10h30 > 35' bien dormi
.....h..... > ....
.....h..... > ....
.....h..... > ....

Activités: ....
....
....

Notes: ....
....
....
....
....

Date : ...../...... ....h..../...h....

Repas: ....
....
....
....
....

Collation(s): ·································
....

Biberon(s)
......h...... > ....ml
......h...... > ....ml
......h...... > ....ml
......h...... > ....ml

Soins:.................................

Infos des Parents?
voir page ....

Sommeil ex 10h30 > 35' bien dormi
.....h...... > ....
.....h...... > ....
.....h...... > ....

Activités:................................
....
....

Urines
☐☐☐☐
☐☐☐☐

Selles: N:normale
M:molle / D: dure
☐☐☐☐☐

Notes:................................
....
....
....
....

Date : ...../...... ....h..../...h....

Repas: ....
....
....
....
....
....

Collation(s): ·································
....

Biberon(s)
......h...... > ....ml
......h...... > ....ml
......h...... > ....ml
......h...... > ....ml

Soins:.................................

Infos des Parents?
voir page ....

Sommeil ex 10h30 > 35' bien dormi
.....h...... > ....
.....h...... > ....
.....h...... > ....

Activités:................................
....
....

Urines
☐☐☐☐
☐☐☐☐

Selles: N:normale
M:molle / D: dure
☐☐☐☐☐

Notes:................................
....
....
....
....

Date : ....../...... ....h..../...h.... **Infos des Parents?** voir page ....

Repas: ....

....
....
....
....

Sommeil ex 10h30 > 35' bien dormi
......h...... > ....
......h...... > ....
......h...... > ....

Activités: ....
....
....

Collation(s): ....
....

Biberon(s)
......h...... > ....ml
......h...... > ....ml
......h...... > ....ml
......h...... > ....ml

Urines
☐☐☐☐
☐☐☐☐

Selles: N:normale
M:molle / D: dure
☐☐☐☐

Notes: ....
....
....
....
....

Soins: ....

Date : ....../...... ....h..../...h.... **Infos des Parents?** voir page ....

Repas: ....

....
....
....
....
....

Sommeil ex 10h30 > 35' bien dormi
......h...... > ....
......h...... > ....
......h...... > ....

Activités: ....
....
....

Collation(s): ....
....

Biberon(s)
......h...... > ....ml
......h...... > ....ml
......h...... > ....ml
......h...... > ....ml

Urines
☐☐☐☐
☐☐☐☐

Selles: N:normale
M:molle / D: dure
☐☐☐☐

Notes: ....
....
....
....
....

Soins: ....

Date : ...../..... ....h..../....h.... ☀️☁️ **Infos des Parents?** voir page ....

Repas: ....
....
....
....
....

Collation(s): ....
....

Biberon(s)
......h...... > ....ml
......h...... > ....ml
......h...... > ....ml
......h...... > ....ml

Urines
☐☐☐☐
☐☐☐☐

Selles: N:normale
M:molle / D: dure
☐☐☐☐

Soins: ....

Sommeil ex 10h30 > 35' bien dormi
......h...... > ....
......h...... > ....
......h...... > ....

Activités: ....
....

Notes: ....
....
....
....
....

Date : ...../..... ....h..../....h.... ☀️☁️ **Infos des Parents?** voir page ....

Repas: ....
....
....
....
....

Collation(s): ....
....

Biberon(s)
......h...... > ....ml
......h...... > ....ml
......h...... > ....ml
......h...... > ....ml

Urines
☐☐☐☐
☐☐☐☐

Selles: N:normale
M:molle / D: dure
☐☐☐☐

Soins: ....

Sommeil ex 10h30 > 35' bien dormi
......h...... > ....
......h...... > ....
......h...... > ....

Activités: ....
....

Notes: ....
....
....
....
....

Date : ...../..... ....h..../...h.... **Infos des Parents?** voir page ....

Repas: ....

....
....
....
....
....

Collation(s): ....
....

Biberon(s)
.....h...... > ....ml
.....h...... > ....ml
.....h...... > ....ml
.....h...... > ....ml

Soins: ....

Urines
☐ ☐ ☐ ☐
☐ ☐ ☐ ☐

Selles: N:normale
M:molle / D: dure
☐ ☐ ☐ ☐

Sommeil ex 10h30 > 35' bien dormi
.....h...... > ....
.....h...... > ....
.....h...... > ....

Activités: ....
....

Notes: ....
....
....
....
....

Date : ...../..... ....h..../...h.... **Infos des Parents?** voir page ....

Repas: ....

....
....
....
....
....

Collation(s): ....
....

Biberon(s)
.....h...... > ....ml
.....h...... > ....ml
.....h...... > ....ml
.....h...... > ....ml

Soins: ....

Urines
☐ ☐ ☐ ☐
☐ ☐ ☐ ☐

Selles: N:normale
M:molle / D: dure
☐ ☐ ☐ ☐

Sommeil ex 10h30 > 35' bien dormi
.....h...... > ....
.....h...... > ....
.....h...... > ....

Activités: ....
....

Notes: ....
....
....
....
....

Date : ...../...... ....h..../....h.... ☀️ ☁️ **Infos des Parents?** voir page ....

Repas: ....
....
....
....
....

Collation(s): ....
....

Biberon(s)
......h...... > ....ml
......h...... > ....ml
......h...... > ....ml
......h...... > ....ml

Urines
☐ ☐ ☐ ☐ ☐
☐ ☐ ☐ ☐ ☐

Selles: N:normale
M:molle / D: dure
☐ ☐ ☐ ☐ ☐

Soins: ....

Sommeil ex 10h30 > 35' bien dormi
......h...... > ....
......h...... > ....
......h...... > ....

Activités: ....
....
....
....

Notes: ....
....
....
....
....

Date : ...../...... ....h..../....h.... ☀️ ☁️ **Infos des Parents?** voir page ....

Repas: ....
....
....
....
....

Collation(s): ....
....

Biberon(s)
......h...... > ....ml
......h...... > ....ml
......h...... > ....ml
......h...... > ....ml

Urines
☐ ☐ ☐ ☐ ☐
☐ ☐ ☐ ☐ ☐

Selles: N:normale
M:molle / D: dure
☐ ☐ ☐ ☐ ☐

Soins: ....

Sommeil ex 10h30 > 35' bien dormi
......h...... > ....
......h...... > ....
......h...... > ....

Activités: ....
....
....
....

Notes: ....
....
....
....
....

Date : ..... / ....h..../....h.... ☀️ ☁️ **Infos des Parents?** voir page ....

Repas: ....
....
....
....
....
....

Collation(s) : ....
....

Biberon(s)
.....h...... > ....ml
.....h...... > ....ml
.....h...... > ....ml
.....h...... > ....ml

Urines
☐☐☐☐
☐☐☐☐

Selles: N:normale / M:molle / D: dure
☐☐☐☐

Soins: ....

Sommeil ex 10h30 > 35' bien dormi
.....h...... > ....
.....h...... > ....
.....h...... > ....

Activités: ....

Notes: ....
....
....
....
....

Date : ..... / ....h..../....h.... ☀️ ☁️ **Infos des Parents?** voir page ....

Repas: ....
....
....
....
....
....

Collation(s) : ....
....

Biberon(s)
.....h...... > ....ml
.....h...... > ....ml
.....h...... > ....ml
.....h...... > ....ml

Urines
☐☐☐☐
☐☐☐☐

Selles: N:normale / M:molle / D: dure
☐☐☐☐

Soins: ....

Sommeil ex 10h30 > 35' bien dormi
.....h...... > ....
.....h...... > ....
.....h...... > ....

Activités: ....

Notes: ....
....
....
....
....

Date : ..... / ....h.... / ...h....   ☀️ ☁️ **Infos des Parents?**
voir page ....

Repas: ....
....
....
....

Sommeil ex 10h30 > 35' bien dormi
.....h...... > ....
.....h...... > ....
.....h...... > ....

Activités: ....
....

Collation(s): ....
....

Biberon(s)
.....h...... > ....ml
.....h...... > ....ml
.....h...... > ....ml
.....h...... > ....ml

Urines
☐☐☐☐☐
☐☐☐☐☐

Selles: N:normale
M:molle / D: dure
☐☐☐☐☐

Notes: ....
....
....
....

Soins: ....

Date : ..... / ....h.... / ...h....   ☀️ ☁️ **Infos des Parents?**
voir page ....

Repas: ....
....
....
....
....

Sommeil ex 10h30 > 35' bien dormi
.....h...... > ....
.....h...... > ....
.....h...... > ....

Activités: ....
....

Collation(s): ....
....

Biberon(s)
.....h...... > ....ml
.....h...... > ....ml
.....h...... > ....ml
.....h...... > ....ml

Urines
☐☐☐☐☐
☐☐☐☐☐

Selles: N:normale
M:molle / D: dure
☐☐☐☐☐

Notes: ....
....
....
....

Soins: ....

Date : ...../..... ....h..../....h.... ☀️☁️ **Infos des Parents?** voir page ....

Repas: ....
....
....
....
....

Collation(s): ....
....

Biberon(s)
.....h..... > ....ml
.....h..... > ....ml
.....h..... > ....ml
.....h..... > ....ml

Urines
☐ ☐ ☐ ☐
☐ ☐ ☐ ☐

Selles: N:normale M:molle / D: dure
☐ ☐ ☐ ☐

Soins: ....

Sommeil ex 10h30 > 35' bien dormi
.....h..... > ....
.....h..... > ....
.....h..... > ....

Activités: ....
....

Notes: ....
....
....
....
....

Date : ...../..... ....h..../....h.... ☀️☁️ **Infos des Parents?** voir page ....

Repas: ....
....
....
....
....

Collation(s): ....
....

Biberon(s)
.....h..... > ....ml
.....h..... > ....ml
.....h..... > ....ml
.....h..... > ....ml

Urines
☐ ☐ ☐ ☐
☐ ☐ ☐ ☐

Selles: N:normale M:molle / D: dure
☐ ☐ ☐ ☐

Soins: ....

Sommeil ex 10h30 > 35' bien dormi
.....h..... > ....
.....h..... > ....
.....h..... > ....

Activités: ....
....

Notes: ....
....
....
....
....

Date : ..... / ....h..../....h....

Infos des Parents? voir page ....

Repas: ....
....
....
....
....

Sommeil ex 10h30 > 35' bien dormi
.....h..... > ....
.....h..... > ....
.....h..... > ....

Activités: ....
....
....

Collation(s): ....
....

Biberon(s)
.....h..... > ....ml
.....h..... > ....ml
.....h..... > ....ml
.....h..... > ....ml

Urines
☐☐☐☐
☐☐☐☐

Selles: N:normale
M:molle / D: dure
☐☐☐☐

Notes: ....
....
....
....
....
....

Soins: ....

Date : ..... / ....h..../....h....

Infos des Parents? voir page ....

Repas: ....
....
....
....
....

Sommeil ex 10h30 > 35' bien dormi
.....h..... > ....
.....h..... > ....
.....h..... > ....

Activités: ....
....
....

Collation(s): ....
....

Biberon(s)
.....h..... > ....ml
.....h..... > ....ml
.....h..... > ....ml
.....h..... > ....ml

Urines
☐☐☐☐
☐☐☐☐

Selles: N:normale
M:molle / D: dure
☐☐☐☐

Notes: ....
....
....
....
....

Soins: ....

Date : ...../...... ....h..../....h.... ☀️☁️ **Infos des Parents?** voir page ....

Repas: ....
....
....
....
....

Collation(s): ....
....

Biberon(s)
.....h...... > ....ml
.....h...... > ....ml
.....h...... > ....ml
.....h...... > ....ml

Urines
☐☐☐☐
☐☐☐☐

Selles: N:normale
M:molle / D: dure
☐☐☐☐

Soins: ....

Sommeil ex 10h30 > 35' bien dormi
.....h...... > ....
.....h...... > ....
.....h...... > ....

Activités: ....
....
....
....

Notes: ....
....
....
....
....

Date : ...../...... ....h..../....h.... ☀️☁️ **Infos des Parents?** voir page ....

Repas: ....
....
....
....
....

Collation(s): ....
....

Biberon(s)
.....h...... > ....ml
.....h...... > ....ml
.....h...... > ....ml
.....h...... > ....ml

Urines
☐☐☐☐
☐☐☐☐

Selles: N:normale
M:molle / D: dure
☐☐☐☐

Soins: ....

Sommeil ex 10h30 > 35' bien dormi
.....h...... > ....
.....h...... > ....
.....h...... > ....

Activités: ....
....
....
....

Notes: ....
....
....
....
....

Date : ...../..... ....h..../....h.... **Infos des Parents?** voir page ....

Repas: ....
....
....
....
....
....

Collation(s): ....
....

Biberon(s)
.....h..... > ....ml
.....h..... > ....ml
.....h..... > ....ml
.....h..... > ....ml

Soins: ....

Urines
☐ ☐ ☐ ☐
☐ ☐ ☐ ☐

Selles: N:normale / M:molle / D: dure
☐ ☐ ☐ ☐

Sommeil ex 10h30 > 35' bien dormi
.....h..... > ....
.....h..... > ....
.....h..... > ....

Activités: ....
....
....

Notes: ....
....
....
....
....

Date : ...../..... ....h..../....h.... **Infos des Parents?** voir page ....

Repas: ....
....
....
....
....
....

Collation(s): ....
....

Biberon(s)
.....h..... > ....ml
.....h..... > ....ml
.....h..... > ....ml
.....h..... > ....ml

Soins: ....

Urines
☐ ☐ ☐ ☐
☐ ☐ ☐ ☐

Selles: N:normale / M:molle / D: dure
☐ ☐ ☐ ☐

Sommeil ex 10h30 > 35' bien dormi
.....h..... > ....
.....h..... > ....
.....h..... > ....

Activités: ....
....
....

Notes: ....
....
....
....
....

Date : ...../..... ....h..../...h.... **Infos des Parents?** voir page ....

Repas: ....
....
....
....
....

Collation(s): ....
....

Biberon(s)
.....h...... > ....ml
.....h...... > ....ml
.....h...... > ....ml
.....h...... > ....ml

Soins: ....

Urines
☐☐☐☐
☐☐☐☐

Selles: N:normale / M:molle / D: dure
☐☐☐☐☐

Sommeil ex 10h30 > 35' bien dormi
.....h...... > ....
.....h...... > ....
.....h...... > ....

Activités: ....
....
....

Notes: ....
....
....
....
....

Date : ...../..... ....h..../...h.... **Infos des Parents?** voir page ....

Repas: ....
....
....
....
....

Collation(s): ....
....

Biberon(s)
.....h...... > ....ml
.....h...... > ....ml
.....h...... > ....ml
.....h...... > ....ml

Soins: ....

Urines
☐☐☐☐
☐☐☐☐

Selles: N:normale / M:molle / D: dure
☐☐☐☐☐

Sommeil ex 10h30 > 35' bien dormi
.....h...... > ....
.....h...... > ....
.....h...... > ....

Activités: ....
....
....

Notes: ....
....
....
....
....

Date : ....../...... ....h..../....h.... ☀️ ☁️ **Infos des Parents?** voir page ....

Repas: ....
....
....
....
....
....

Collation(s): ....
....

Biberon(s)   **Urines**
....h...... > ....ml   ☐☐☐☐
....h...... > ....ml   ☐☐☐☐
....h...... > ....ml   **Selles:** N:normale
....h...... > ....ml   M:molle / D: dure
Soins: ....   ☐☐☐☐☐

Sommeil ex 10h30 > 35' bien dormi
....h...... > ....
....h...... > ....
....h...... > ....

Activités: ....
....
....
....

Notes: ....
....
....
....
....
....
....

Date : ....../...... ....h..../....h.... ☀️ ☁️ **Infos des Parents?** voir page ....

Repas: ....
....
....
....
....
....

Collation(s): ....
....

Biberon(s)   **Urines**
....h...... > ....ml   ☐☐☐☐
....h...... > ....ml   ☐☐☐☐
....h...... > ....ml   **Selles:** N:normale
....h...... > ....ml   M:molle / D: dure
Soins: ....   ☐☐☐☐☐

Sommeil ex 10h30 > 35' bien dormi
....h...... > ....
....h...... > ....
....h...... > ....

Activités: ....
....
....
....

Notes: ....
....
....
....
....
....
....

Date : ....../...... ....h..../...h.... **Infos des Parents?** voir page ....

Repas: ....
....
....
....
....

Collation(s): ....
....

Biberon(s)
.....h...... > ....ml
.....h...... > ....ml
.....h...... > ....ml
.....h...... > ....ml

Soins: ....

Urines ☐☐☐☐ ☐☐☐☐

Selles: N:normale / M:molle / D: dure
☐☐☐☐

Sommeil ex 10h30 > 35' bien dormi
.....h...... > ....
.....h...... > ....
.....h...... > ....

Activités: ....
....

Notes: ....
....
....
....
....
....

Date : ....../...... ....h..../...h.... **Infos des Parents?** voir page ....

Repas: ....
....
....
....
....

Collation(s): ....
....

Biberon(s)
.....h...... > ....ml
.....h...... > ....ml
.....h...... > ....ml
.....h...... > ....ml

Soins: ....

Urines ☐☐☐☐ ☐☐☐☐

Selles: N:normale / M:molle / D: dure
☐☐☐☐

Sommeil ex 10h30 > 35' bien dormi
.....h...... > ....
.....h...... > ....
.....h...... > ....

Activités: ....
....

Notes: ....
....
....
....
....
....

Date : ...../..... ....h..../....h.... ☀️☁️ **Infos des Parents?** voir page ....

Repas: ....
....
....
....
....

Collation(s): ....
....

Biberon(s)
.....h..... > ....ml
.....h..... > ....ml
.....h..... > ....ml
.....h..... > ....ml

Soins: ....

Urines
☐☐☐☐☐
☐☐☐☐☐
Selles: N:normale / M:molle / D: dure
☐☐☐☐☐

Sommeil ex 10h30 > 35' bien dormi
.....h..... > ....
.....h..... > ....
.....h..... > ....

Activités: ....
....
....

Notes: ....
....
....
....
....

Date : ...../..... ....h..../....h.... ☀️☁️ **Infos des Parents?** voir page ....

Repas: ....
....
....
....
....

Collation(s): ....
....

Biberon(s)
.....h..... > ....ml
.....h..... > ....ml
.....h..... > ....ml
.....h..... > ....ml

Soins: ....

Urines
☐☐☐☐☐
☐☐☐☐☐
Selles: N:normale / M:molle / D: dure
☐☐☐☐☐

Sommeil ex 10h30 > 35' bien dormi
.....h..... > ....
.....h..... > ....
.....h..... > ....

Activités: ....
....
....

Notes: ....
....
....
....
....

Date : ...../..... ....h..../....h.... **Infos des Parents?** voir page ....

Repas: ....
....
....
....
....

Collation(s): ....
....

Biberon(s)
.....h...... > ....mℓ
.....h...... > ....mℓ
.....h...... > ....mℓ
.....h...... > ....mℓ

Urines
☐ ☐ ☐ ☐
☐ ☐ ☐ ☐

Selles: N:normale / M:molle / D: dure
☐ ☐ ☐ ☐

Soins: ....

Sommeil ex 10h30 > 35' bien dormi
.....h...... > ....
.....h...... > ....
.....h...... > ....

Activités: ....
....
....

Notes: ....
....
....
....

Date : ...../..... ....h..../....h.... **Infos des Parents?** voir page ....

Repas: ....
....
....
....
....

Collation(s): ....
....

Biberon(s)
.....h...... > ....mℓ
.....h...... > ....mℓ
.....h...... > ....mℓ
.....h...... > ....mℓ

Urines
☐ ☐ ☐ ☐
☐ ☐ ☐ ☐

Selles: N:normale / M:molle / D: dure
☐ ☐ ☐ ☐

Soins: ....

Sommeil ex 10h30 > 35' bien dormi
.....h...... > ....
.....h...... > ....
.....h...... > ....

Activités: ....
....
....

Notes: ....
....
....
....

Date : ....../...... ....h..../....h....

Repas: ....
....
....
....
....

Collation(s): ....
....

Biberon(s)
......h...... > ....ml
......h...... > ....ml
......h...... > ....ml
......h...... > ....ml

Soins: ....

Urines
☐ ☐ ☐ ☐
☐ ☐ ☐ ☐

Selles: N:normale / M:molle / D: dure
☐ ☐ ☐ ☐ ☐

Infos des Parents? voir page ....

Sommeil ex 10h30 > 35' bien dormi
......h...... > ....
......h...... > ....
......h...... > ....

Activités: ....
....
....
....

Notes: ....
....
....
....
....
....

Date : ....../...... ....h..../....h....

Repas: ....
....
....
....
....

Collation(s): ....
....

Biberon(s)
......h...... > ....ml
......h...... > ....ml
......h...... > ....ml
......h...... > ....ml

Soins: ....

Urines
☐ ☐ ☐ ☐
☐ ☐ ☐ ☐

Selles: N:normale / M:molle / D: dure
☐ ☐ ☐ ☐ ☐

Infos des Parents? voir page ....

Sommeil ex 10h30 > 35' bien dormi
......h...... > ....
......h...... > ....
......h...... > ....

Activités: ....
....
....
....

Notes: ....
....
....
....
....
....

Date : ..... / ....h.... / ....h....   **Infos des Parents ?** voir page ....

Repas: ....
....
....
....
....

Collation(s): ....
....

Biberon(s)
.....h...... > ....ml
.....h...... > ....ml
.....h...... > ....ml
.....h...... > ....ml

Urines
☐ ☐ ☐ ☐
☐ ☐ ☐ ☐

Selles: N:normale
M:molle / D: dure
☐ ☐ ☐ ☐

Soins: ....

Sommeil ex 10h30 > 35' bien dormi
.....h...... > ....
.....h...... > ....
.....h...... > ....

Activités: ....
....

Notes: ....
....
....
....
....
....

Date : ..... / ....h.... / ....h....   **Infos des Parents ?** voir page ....

Repas: ....
....
....
....
....

Collation(s): ....
....

Biberon(s)
.....h...... > ....ml
.....h...... > ....ml
.....h...... > ....ml
.....h...... > ....ml

Urines
☐ ☐ ☐ ☐
☐ ☐ ☐ ☐

Selles: N:normale
M:molle / D: dure
☐ ☐ ☐ ☐

Soins: ....

Sommeil ex 10h30 > 35' bien dormi
.....h...... > ....
.....h...... > ....
.....h...... > ....

Activités: ....
....

Notes: ....
....
....
....
....
....

Date : ....../...... ....h..../....h.... **Infos des Parents?** voir page ....

Repas: ....
....
....
....
....

Sommeil ex 10h30 > 35' bien dormi
......h...... > ....
......h...... > ....
......h...... > ....

Activités: ....

Collation(s): ....
....

Biberon(s)
......h...... > ....ml
......h...... > ....ml
......h...... > ....ml
......h...... > ....ml

Urines
☐☐☐☐
☐☐☐☐

Selles: N:normale
M:molle / D: dure
☐☐☐☐☐

Notes: ....
....
....
....
....

Soins: ....

Date : ....../...... ....h..../....h.... **Infos des Parents?** voir page ....

Repas: ....
....
....
....
....

Sommeil ex 10h30 > 35' bien dormi
......h...... > ....
......h...... > ....
......h...... > ....

Activités: ....

Collation(s): ....
....

Biberon(s)
......h...... > ....ml
......h...... > ....ml
......h...... > ....ml
......h...... > ....ml

Urines
☐☐☐☐
☐☐☐☐

Selles: N:normale
M:molle / D: dure
☐☐☐☐☐

Notes: ....
....
....
....
....

Soins: ....

Date : ..../.... ...h..../...h....

Repas: ....
....
....
....
....

Collation(s): ....
....

Biberon(s)
.....h...... > ....ml
.....h...... > ....ml
.....h...... > ....ml
.....h...... > ....ml

Soins: ....

Urines
☐☐☐☐
☐☐☐☐

Selles: N:normale
M:molle / D: dure
☐☐☐☐☐

Infos des Parents? voir page ....

Sommeil ex 10h30 > 35' bien dormi
.....h...... > ....
.....h...... > ....
.....h...... > ....

Activités: ....
....
....

Notes: ....
....
....
....
....

Date : ..../.... ...h..../...h....

Repas: ....
....
....
....
....

Collation(s): ....
....

Biberon(s)
.....h...... > ....ml
.....h...... > ....ml
.....h...... > ....ml
.....h...... > ....ml

Soins: ....

Urines
☐☐☐☐
☐☐☐☐

Selles: N:normale
M:molle / D: dure
☐☐☐☐☐

Infos des Parents? voir page ....

Sommeil ex 10h30 > 35' bien dormi
.....h...... > ....
.....h...... > ....
.....h...... > ....

Activités: ....
....
....

Notes: ....
....
....
....
....

Date : ....../...... ....h..../...h.... **Infos des Parents?** voir page ....

Repas: ....
....
....
....
....

Collation(s): ....
....

Biberon(s)
.....h...... > ....ml
.....h...... > ....ml
.....h...... > ....ml
.....h...... > ....ml

Urines ☐☐☐☐☐ ☐☐☐☐☐

Selles: N:normale / M:molle / D: dure
☐☐☐☐☐

Soins: ....

Sommeil ex 10h30 > 35' bien dormi
.....h...... > ....
.....h...... > ....
.....h...... > ....

Activités: ....
....
....
....

Notes: ....
....
....
....
....
....

Date : ....../...... ....h..../...h.... **Infos des Parents?** voir page ....

Repas: ....
....
....
....
....

Collation(s): ....
....

Biberon(s)
.....h...... > ....ml
.....h...... > ....ml
.....h...... > ....ml
.....h...... > ....ml

Urines ☐☐☐☐☐ ☐☐☐☐☐

Selles: N:normale / M:molle / D: dure
☐☐☐☐☐

Soins: ....

Sommeil ex 10h30 > 35' bien dormi
.....h...... > ....
.....h...... > ....
.....h...... > ....

Activités: ....
....
....

Notes: ....
....
....
....
....

Date : ..../.... ....h..../....h.... Infos des Parents? voir page ....

Repas: ....
....
....
....
....
....

Collation(s): ....
....

Sommeil ex 10h30 > 35' bien dormi
.....h...... > ....
.....h...... > ....
.....h...... > ....

Activités: ....
....

Biberon(s)
.....h...... > ....ml
.....h...... > ....ml
.....h...... > ....ml
.....h...... > ....ml

Urines ☐☐☐☐ ☐☐☐☐

Selles: N:normale / M:molle / D: dure
☐☐☐☐

Soins: ....

Notes: ....
....
....
....
....

Date : ..../.... ....h..../....h.... Infos des Parents? voir page ....

Repas: ....
....
....
....
....
....

Collation(s): ....
....

Sommeil ex 10h30 > 35' bien dormi
.....h...... > ....
.....h...... > ....
.....h...... > ....

Activités: ....
....

Biberon(s)
.....h...... > ....ml
.....h...... > ....ml
.....h...... > ....ml
.....h...... > ....ml

Urines ☐☐☐☐ ☐☐☐☐

Selles: N:normale / M:molle / D: dure
☐☐☐☐

Soins: ....

Notes: ....
....
....
....
....

Date : ...../..... ....h..../....h.... ☀️ ☁️ **Infos des Parents?** voir page ....

Repas: ....
....
....
....
....

Collation(s): ....
....

Biberon(s)
.....h..... > ....ml
.....h..... > ....ml
.....h..... > ....ml
.....h..... > ....ml

Soins: ....

Urines
☐☐☐☐☐
☐☐☐☐☐

Selles: N:normale / M:molle / D: dure
☐☐☐☐☐

Sommeil ex 10h30 > 35' bien dormi
.....h..... > ....
.....h..... > ....
.....h..... > ....

Activités: ....
....

Notes: ....
....
....
....
....

Date : ...../..... ....h..../....h.... ☀️ ☁️ **Infos des Parents?** voir page ....

Repas: ....
....
....
....
....

Collation(s): ....
....

Biberon(s)
.....h..... > ....ml
.....h..... > ....ml
.....h..... > ....ml
.....h..... > ....ml

Soins: ....

Urines
☐☐☐☐☐
☐☐☐☐☐

Selles: N:normale / M:molle / D: dure
☐☐☐☐☐

Sommeil ex 10h30 > 35' bien dormi
.....h..... > ....
.....h..... > ....
.....h..... > ....

Activités: ....
....

Notes: ....
....
....
....
....

Date : ...../..... ....h..../...h.... ☀️ ☁️ **Infos des Parents?** voir page ....

Repas: ....
....
....
....
....
....

Collation(s): ....
....

Biberon(s)
.....h...... > ....ml
.....h...... > ....ml
.....h...... > ....ml
.....h...... > ....ml

Soins: ....

Urines
☐☐☐☐
☐☐☐☐

Selles: N:normale / M:molle / D: dure
☐☐☐☐

Sommeil ex 10h30 > 35' bien dormi
.....h...... > ....
.....h...... > ....
.....h...... > ....

Activités: ....
....
....
....

Notes: ....
....
....
....
....
....

Date : ...../..... ....h..../...h.... ☀️ ☁️ **Infos des Parents?** voir page ....

Repas: ....
....
....
....
....
....

Collation(s): ....
....

Biberon(s)
.....h...... > ....ml
.....h...... > ....ml
.....h...... > ....ml
.....h...... > ....ml

Soins: ....

Urines
☐☐☐☐
☐☐☐☐

Selles: N:normale / M:molle / D: dure
☐☐☐☐

Sommeil ex 10h30 > 35' bien dormi
.....h...... > ....
.....h...... > ....
.....h...... > ....

Activités: ....
....
....

Notes: ....
....
....
....
....

Date : ...../..... ....h..../....h....   ☀️ ☁️ **Infos des Parents?** voir page ....

Repas: ....
....
....
....
....

Collation(s): ....
....

Biberon(s)
.....h..... > ....ml
.....h..... > ....ml
.....h..... > ....ml
.....h..... > ....ml

Soins:.....................

Urines
☐☐☐☐
☐☐☐☐

Selles: N:normale
M:molle / D: dure
☐☐☐☐☐

Sommeil ex 10h30 > 35' bien dormi
.....h..... > ....
.....h..... > ....
.....h..... > ....

Activités:............................
....
....
....

Notes:..................................
....
....
....
....
....

Date : ...../..... ....h..../....h....   ☀️ ☁️ **Infos des Parents?** voir page ....

Repas: ....
....
....
....
....

Collation(s): ....
....

Biberon(s)
.....h..... > ....ml
.....h..... > ....ml
.....h..... > ....ml
.....h..... > ....ml

Soins:.....................

Urines
☐☐☐☐
☐☐☐☐

Selles: N:normale
M:molle / D: dure
☐☐☐☐☐

Sommeil ex 10h30 > 35' bien dormi
.....h..... > ....
.....h..... > ....
.....h..... > ....

Activités:............................
....
....
....

Notes:..................................
....
....
....
....

Date : ..... / ....h..... / ....h..... **Infos des Parents?** voir page ....

Repas: ....
....
....
....
....

Collation(s): ....
....

Biberon(s)
.....h..... > ....ml
.....h..... > ....ml
.....h..... > ....ml
.....h..... > ....ml

Urines
☐ ☐ ☐ ☐
☐ ☐ ☐ ☐

Selles: N:normale M:molle / D: dure
☐ ☐ ☐ ☐

Soins: ....

Sommeil ex 10h30 > 35' bien dormi
.....h..... > ....
.....h..... > ....
.....h..... > ....

Activités: ....
....

Notes: ....
....
....
....
....
....

Date : ..... / ....h..... / ....h..... **Infos des Parents?** voir page ....

Repas: ....
....
....
....
....

Collation(s): ....
....

Biberon(s)
.....h..... > ....ml
.....h..... > ....ml
.....h..... > ....ml
.....h..... > ....ml

Urines
☐ ☐ ☐ ☐
☐ ☐ ☐ ☐

Selles: N:normale M:molle / D: dure
☐ ☐ ☐ ☐

Soins: ....

Sommeil ex 10h30 > 35' bien dormi
.....h..... > ....
.....h..... > ....
.....h..... > ....

Activités: ....
....

Notes: ....
....
....
....
....
....

Date : ...... / ....h.... / ....h.... ☀️ ☁️ **Infos des Parents?** voir page ....

Repas: ....
....
....
....
....

Collation(s) : ....
....

Biberon(s)   **Urines**   **Notes:** ....
......h...... > ....ml ☐☐☐☐   ....
......h...... > ....ml ☐☐☐☐   ....
......h...... > ....ml **Selles:** N:normale   ....
......h...... > ....ml M:molle / D: dure   ....
Soins: .... ☐☐☐☐   ....

Sommeil ex 10h30 > 35' bien dormi
......h...... > ....
......h...... > ....
......h...... > ....

Activités: ....
....
....

Date : ...... / ....h.... / ....h.... ☀️ ☁️ **Infos des Parents?** voir page ....

Repas: ....
....
....
....
....

Collation(s) : ....
....

Biberon(s)   **Urines**   **Notes:** ....
......h...... > ....ml ☐☐☐☐   ....
......h...... > ....ml ☐☐☐☐   ....
......h...... > ....ml **Selles:** N:normale   ....
......h...... > ....ml M:molle / D: dure   ....
Soins: .... ☐☐☐☐   ....

Sommeil ex 10h30 > 35' bien dormi
......h...... > ....
......h...... > ....
......h...... > ....

Activités: ....
....
....

Date : ....../...... ....h..../....h....

Repas: ....
....
....
....
....

Collation(s): ....
....

Biberon(s)
....h...... > ....ml
....h...... > ....ml
....h...... > ....ml
....h...... > ....ml

Soins: ....

Urines
☐ ☐ ☐ ☐
☐ ☐ ☐ ☐

Selles: N:normale M:molle / D: dure
☐ ☐ ☐ ☐

Sommeil ex 10h30 > 35' bien dormi
....h...... > ....
....h...... > ....
....h...... > ....

Activités: ....

Notes: ....
....
....

Infos des Parents? voir page ....

Date : ....../...... ....h..../....h....

Repas: ....
....
....
....
....

Collation(s): ....
....

Biberon(s)
....h...... > ....ml
....h...... > ....ml
....h...... > ....ml
....h...... > ....ml

Soins: ....

Urines
☐ ☐ ☐ ☐
☐ ☐ ☐ ☐

Selles: N:normale M:molle / D: dure
☐ ☐ ☐ ☐

Sommeil ex 10h30 > 35' bien dormi
....h...... > ....
....h...... > ....
....h...... > ....

Activités: ....

Notes: ....
....
....

Infos des Parents? voir page ....

Date : ..... / ....h..../....h....

Repas: ....
....
....
....
....
....

Collation(s): ....
....

Biberon(s)
.....h..... > ....ml
.....h..... > ....ml
.....h..... > ....ml
.....h..... > ....ml

Soins: ....

Urines
☐☐☐☐☐
☐☐☐☐☐

Selles: N:normale / M:molle / D: dure
☐☐☐☐☐

Infos des Parents? voir page ....

Sommeil ex 10h30 > 35' bien dormi
.....h..... > ....
.....h..... > ....
.....h..... > ....

Activités: ....
....
....
....

Notes: ....
....
....
....
....
....
....

Date : ..... / ....h..../....h....

Repas: ....
....
....
....
....
....

Collation(s): ....
....

Biberon(s)
.....h..... > ....ml
.....h..... > ....ml
.....h..... > ....ml
.....h..... > ....ml

Soins: ....

Urines
☐☐☐☐☐
☐☐☐☐☐

Selles: N:normale / M:molle / D: dure
☐☐☐☐☐

Infos des Parents? voir page ....

Sommeil ex 10h30 > 35' bien dormi
.....h..... > ....
.....h..... > ....
.....h..... > ....

Activités: ....
....
....
....

Notes: ....
....
....
....
....
....

Date : ...../..... ....h..../...h....   ☀️☁️ **Infos des Parents?** voir page ....

Repas: ....
....
....
....
....
....

Collation(s): ....
....

Biberon(s)
.....h..... > ....ml
.....h..... > ....ml
.....h..... > ....ml
.....h..... > ....ml

Urines
☐☐☐☐
☐☐☐☐

Selles: N:normale / M:molle / D: dure
☐☐☐☐☐

Soins:..........................

Sommeil ex 10h30 > 35' bien dormi
.....h..... > ....
.....h..... > ....
.....h..... > ....

Activités:..............................
....

Notes:...................................
....
....
....
....
....
....

Date : ...../..... ....h..../...h....   ☀️☁️ **Infos des Parents?** voir page ....

Repas: ....
....
....
....
....
....

Collation(s): ....
....

Biberon(s)
.....h..... > ....ml
.....h..... > ....ml
.....h..... > ....ml
.....h..... > ....ml

Urines
☐☐☐☐
☐☐☐☐

Selles: N:normale / M:molle / D: dure
☐☐☐☐☐

Soins:..........................

Sommeil ex 10h30 > 35' bien dormi
.....h..... > ....
.....h..... > ....
.....h..... > ....

Activités:..............................
....

Notes:...................................
....
....
....
....
....

Date : ...../..... ....h..../....h.... **Infos des Parents?** voir page ....

Repas: ....
....
....
....
....

Collation(s): ....
....

Biberon(s)
.....h...... > ....ml
.....h...... > ....ml
.....h...... > ....ml
.....h...... > ....ml

Soins:..

Urines
☐☐☐☐
☐☐☐☐

Selles: N:normale / M:molle / D: dure
☐☐☐☐☐

Sommeil ex 10h30 > 35' bien dormi
.....h...... > ....
.....h...... > ....
.....h...... > ....

Activités: ....
....

Notes: ....
....
....
....
....

Date : ...../..... ....h..../....h.... **Infos des Parents?** voir page ....

Repas: ....
....
....
....
....

Collation(s): ....
....

Biberon(s)
.....h...... > ....ml
.....h...... > ....ml
.....h...... > ....ml
.....h...... > ....ml

Soins:..

Urines
☐☐☐☐
☐☐☐☐

Selles: N:normale / M:molle / D: dure
☐☐☐☐☐

Sommeil ex 10h30 > 35' bien dormi
.....h...... > ....
.....h...... > ....
.....h...... > ....

Activités: ....
....

Notes: ....
....
....
....
....

Date : ...../..... ....h..../...h....

Repas: ....
....
....
....
....
....

Collation(s): ....
....

Biberon(s)
.....h..... > ....ml
.....h..... > ....ml
.....h..... > ....ml
.....h..... > ....ml

Soins: ....

Urines
☐☐☐☐
☐☐☐☐

Selles: N:normale
M:molle / D: dure
☐☐☐☐

Infos des Parents? voir page ....

Sommeil ex 10h30 > 35' bien dormi
.....h..... > ....
.....h..... > ....
.....h..... > ....

Activités: ....
....
....
....

Notes: ....
....
....
....
....
....

Date : ...../..... ....h..../...h....

Repas: ....
....
....
....
....
....

Collation(s): ....
....

Biberon(s)
.....h..... > ....ml
.....h..... > ....ml
.....h..... > ....ml
.....h..... > ....ml

Soins: ....

Urines
☐☐☐☐
☐☐☐☐

Selles: N:normale
M:molle / D: dure
☐☐☐☐

Infos des Parents? voir page ....

Sommeil ex 10h30 > 35' bien dormi
.....h..... > ....
.....h..... > ....
.....h..... > ....

Activités: ....
....
....
....

Notes: ....
....
....
....
....
....

Date : ..... / ....h..... / ....h....

Repas : ....
....
....
....
....

Collation(s) : ....
....

Biberon(s)
.....h..... > ....ml
.....h..... > ....ml
.....h..... > ....ml
.....h..... > ....ml

Soins : ....

Urines
☐ ☐ ☐ ☐
☐ ☐ ☐ ☐

Selles : N: normale / M: molle / D: dure
☐ ☐ ☐ ☐

Infos des Parents ? voir page ....

Sommeil ex 10h30 > 35' bien dormi
.....h..... > ....
.....h..... > ....
.....h..... > ....

Activités : ....
....
....

Notes : ....
....
....
....
....

Date : ..... / ....h..... / ....h....

Repas : ....
....
....
....
....

Collation(s) : ....
....

Biberon(s)
.....h..... > ....ml
.....h..... > ....ml
.....h..... > ....ml
.....h..... > ....ml

Soins : ....

Urines
☐ ☐ ☐ ☐
☐ ☐ ☐ ☐

Selles : N: normale / M: molle / D: dure
☐ ☐ ☐ ☐

Infos des Parents ? voir page ....

Sommeil ex 10h30 > 35' bien dormi
.....h..... > ....
.....h..... > ....
.....h..... > ....

Activités : ....
....
....

Notes : ....
....
....
....
....

Date : ..../..... ....h..../....h.... ☀️☁️ **Infos des Parents?** voir page ....

Repas: ....
....
....
....
....

Collation(s): ....
....

Biberon(s)
.....h..... > ....ml
.....h..... > ....ml
.....h..... > ....ml
.....h..... > ....ml

Urines
☐☐☐☐
☐☐☐☐

Selles: N:normale
M:molle / D: dure
☐☐☐☐

Soins: ....

Sommeil ex 10h30 > 35' bien dormi
.....h..... > ....
.....h..... > ....
.....h..... > ....

Activités: ....
....
....

Notes: ....
....
....
....
....
....

Date : ..../..... ....h..../....h.... ☀️☁️ **Infos des Parents?** voir page ....

Repas: ....
....
....
....
....
....

Collation(s): ....
....

Biberon(s)
.....h..... > ....ml
.....h..... > ....ml
.....h..... > ....ml
.....h..... > ....ml

Urines
☐☐☐☐
☐☐☐☐

Selles: N:normale
M:molle / D: dure
☐☐☐☐

Soins: ....

Sommeil ex 10h30 > 35' bien dormi
.....h..... > ....
.....h..... > ....
.....h..... > ....

Activités: ....
....
....

Notes: ....
....
....
....
....
....

Date : ...../..... ....h..../....h.... **Infos des Parents?** voir page ....

Repas: ....
....
....
....
....

Collation(s): ....
....

Biberon(s)
......h...... > ....ml
......h...... > ....ml
......h...... > ....ml
......h...... > ....ml

Urines
☐☐☐☐☐
☐☐☐☐☐

Selles: N:normale
M:molle / D: dure
☐☐☐☐☐

Soins: ....

Sommeil ex 10h30 > 35' bien dormi
......h...... > ....
......h...... > ....
......h...... > ....

Activités: ....
....

Notes: ....
....
....
....
....

Date : ...../..... ....h..../....h.... **Infos des Parents?** voir page ....

Repas: ....
....
....
....
....

Collation(s): ....
....

Biberon(s)
......h...... > ....ml
......h...... > ....ml
......h...... > ....ml
......h...... > ....ml

Urines
☐☐☐☐☐
☐☐☐☐☐

Selles: N:normale
M:molle / D: dure
☐☐☐☐☐

Soins: ....

Sommeil ex 10h30 > 35' bien dormi
......h...... > ....
......h...... > ....
......h...... > ....

Activités: ....
....

Notes: ....
....
....
....
....

Date : ....../...... ....h..../....h.... **Infos des Parents?** voir page ....

Repas: ....

....
....
....
....
....

Collation(s): ....
....

Biberon(s)
.....h...... > ....ml
.....h...... > ....ml
.....h...... > ....ml
.....h...... > ....ml

Soins: ....

Urines
☐ ☐ ☐ ☐
☐ ☐ ☐ ☐

Selles: N:normale
M:molle / D: dure
☐ ☐ ☐ ☐ ☐

Sommeil ex 10h30 > 35' bien dormi
.....h...... > ....
.....h...... > ....
.....h...... > ....

Activités: ....
....
....

Notes: ....
....
....
....
....

Date : ....../...... ....h..../....h.... **Infos des Parents?** voir page ....

Repas: ....
....
....
....
....
....

Collation(s): ....
....

Biberon(s)
.....h...... > ....ml
.....h...... > ....ml
.....h...... > ....ml
.....h...... > ....ml

Soins: ....

Urines
☐ ☐ ☐ ☐
☐ ☐ ☐ ☐

Selles: N:normale
M:molle / D: dure
☐ ☐ ☐ ☐ ☐

Sommeil ex 10h30 > 35' bien dormi
.....h...... > ....
.....h...... > ....
.....h...... > ....

Activités: ....
....
....

Notes: ....
....
....
....
....

Date : ..... / ....h..../....h....

Repas: ....
....
....
....
....

Collation(s): ....
....

Biberon(s)
.....h...... > ....ml
.....h...... > ....ml
.....h...... > ....ml
.....h...... > ....ml

Soins: ....

Urines
☐☐☐☐
☐☐☐☐

Selles: N:normale
M:molle / D: dure
☐☐☐☐☐

Infos des Parents? voir page ....

Sommeil ex 10h30 > 35' bien dormi
.....h...... > ....
.....h...... > ....
.....h...... > ....

Activités: ....
....
....
....

Notes: ....
....
....
....
....

Date : ..... / ....h..../....h....

Repas: ....
....
....
....
....

Collation(s): ....
....

Biberon(s)
.....h...... > ....ml
.....h...... > ....ml
.....h...... > ....ml
.....h...... > ....ml

Soins: ....

Urines
☐☐☐☐
☐☐☐☐

Selles: N:normale
M:molle / D: dure
☐☐☐☐☐

Infos des Parents? voir page ....

Sommeil ex 10h30 > 35' bien dormi
.....h...... > ....
.....h...... > ....
.....h...... > ....

Activités: ....
....
....
....

Notes: ....
....
....
....
....

Date : ..... / ....h.... / ....h....   **Infos des Parents?** voir page ....

Repas: ....
....
....
....
....
....

Collation(s) : ....
....

Sommeil ex 10h30 > 35' bien dormi
.....h..... > ....
.....h..... > ....
.....h..... > ....

Activités: ....
....

Biberon(s)
.....h..... > ....ml
.....h..... > ....ml
.....h..... > ....ml
.....h..... > ....ml

Urines
☐☐☐☐
☐☐☐☐

Selles: N:normale / M:molle / D: dure
☐☐☐☐

Soins: ....

Notes: ....
....
....
....
....

Date : ..... / ....h.... / ....h....   **Infos des Parents?** voir page ....

Repas: ....
....
....
....
....
....

Collation(s) : ....
....

Sommeil ex 10h30 > 35' bien dormi
.....h..... > ....
.....h..... > ....
.....h..... > ....

Activités: ....
....

Biberon(s)
.....h..... > ....ml
.....h..... > ....ml
.....h..... > ....ml
.....h..... > ....ml

Urines
☐☐☐☐
☐☐☐☐

Selles: N:normale / M:molle / D: dure
☐☐☐☐

Soins: ....

Notes: ....
....
....
....
....

Date : ...../..... ....h..../...h.... **Infos des Parents?** voir page ....

Repas: ....

....
....
....
....

Collation(s): ....
....

Biberon(s)
.....h..... > ....ml
.....h..... > ....ml
.....h..... > ....ml
.....h..... > ....ml

Urines
☐☐☐☐
☐☐☐☐

Selles: N:normale / M:molle / D: dure
☐☐☐☐☐

Soins:........................

Sommeil ex 10h30 > 35' bien dormi
.....h..... > ....
.....h..... > ....
.....h..... > ....

Activités: ....
....
....

Notes: ....
....
....
....
....

Date : ...../..... ....h..../...h.... **Infos des Parents?** voir page ....

Repas: ....

....
....
....
....

Collation(s): ....
....

Biberon(s)
.....h..... > ....ml
.....h..... > ....ml
.....h..... > ....ml
.....h..... > ....ml

Urines
☐☐☐☐
☐☐☐☐

Selles: N:normale / M:molle / D: dure
☐☐☐☐☐

Soins:........................

Sommeil ex 10h30 > 35' bien dormi
.....h..... > ....
.....h..... > ....
.....h..... > ....

Activités: ....
....
....

Notes: ....
....
....
....
....

Date : ....../...... ....h..../....h.... **Infos des Parents?** voir page ....

Repas: ....
....
....
....
....
....

Collation(s): ....
....

Biberon(s)
.....h...... > ....ml
.....h...... > ....ml
.....h...... > ....ml
.....h...... > ....ml

Urines
☐☐☐☐
☐☐☐☐

Selles: N:normale / M:molle / D: dure
☐☐☐☐

Soins: ....

Sommeil ex 10h30 > 35' bien dormi
.....h..... > ....
.....h..... > ....
.....h..... > ....

Activités: ....
....

Notes: ....
....
....
....
....
....

Date : ....../...... ....h..../....h.... **Infos des Parents?** voir page ....

Repas: ....
....
....
....
....
....

Collation(s): ....
....

Biberon(s)
.....h...... > ....ml
.....h...... > ....ml
.....h...... > ....ml
.....h...... > ....ml

Urines
☐☐☐☐
☐☐☐☐

Selles: N:normale / M:molle / D: dure
☐☐☐☐

Soins: ....

Sommeil ex 10h30 > 35' bien dormi
.....h..... > ....
.....h..... > ....
.....h..... > ....

Activités: ....
....

Notes: ....
....
....
....
....
....

Date : ...../..... ....h..../....h....   **Infos des Parents?** voir page ....

Repas: ....
....
....
....
....

Collation(s): ....
....

Biberon(s)   **Urines**
.....h..... > ....ml
.....h..... > ....ml
.....h..... > ....ml   **Selles:** N:normale
.....h..... > ....ml   M:molle / D: dure

Soins: ....

Sommeil ex 10h30 > 35' bien dormi
.....h..... > ....
.....h..... > ....
.....h..... > ....

Activités: ....
....
....

Notes: ....
....
....
....
....

Date : ...../..... ....h..../....h....   **Infos des Parents?** voir page ....

Repas: ....
....
....
....
....

Collation(s): ....
....

Biberon(s)   **Urines**
.....h..... > ....ml
.....h..... > ....ml
.....h..... > ....ml   **Selles:** N:normale
.....h..... > ....ml   M:molle / D: dure

Soins: ....

Sommeil ex 10h30 > 35' bien dormi
.....h..... > ....
.....h..... > ....
.....h..... > ....

Activités: ....
....
....

Notes: ....
....
....
....
....

Date : ..... / ....h..../....h.... **Infos des Parents?** voir page ....

Repas: ....
....
....
....
....

Collation(s): ....
....

Biberon(s)
.....h...... > ....ml
.....h...... > ....ml
.....h...... > ....ml
.....h...... > ....ml
Soins:.............................

Urines
☐☐☐☐
☐☐☐☐
Selles: N:normale
M:molle / D: dure
☐☐☐☐☐

Sommeil ex 10h30 > 35' bien dormi
.....h...... > ....
.....h...... > ....
.....h...... > ....

Activités: ....
....

Notes: ....
....
....
....
....
....

Date : ..... / ....h..../....h.... **Infos des Parents?** voir page ....

Repas: ....
....
....
....
....

Collation(s): ....
....

Biberon(s)
.....h...... > ....ml
.....h...... > ....ml
.....h...... > ....ml
.....h...... > ....ml
Soins:.............................

Urines
☐☐☐☐
☐☐☐☐
Selles: N:normale
M:molle / D: dure
☐☐☐☐☐

Sommeil ex 10h30 > 35' bien dormi
.....h...... > ....
.....h...... > ....
.....h...... > ....

Activités: ....
....

Notes: ....
....
....
....
....
....

Date : ...../..... ....h..../....h.... ☀️ ☁️ **Infos des Parents?** voir page ....

Repas: ....
....
....
....
....

Collation(s): ....
....

Biberon(s)
.....h...... > ....ml
.....h...... > ....ml
.....h...... > ....ml
.....h...... > ....ml

Soins: ....

Urines
☐☐☐☐
☐☐☐☐

Selles: N:normale
M:molle / D: dure
☐☐☐☐☐

Sommeil ex 10h30 > 35' bien dormi
.....h...... > ....
.....h...... > ....
.....h...... > ....

Activités: ....
....
....

Notes: ....
....
....
....
....

Date : ...../..... ....h..../....h.... ☀️ ☁️ **Infos des Parents?** voir page ....

Repas: ....
....
....
....
....

Collation(s): ....
....

Biberon(s)
.....h...... > ....ml
.....h...... > ....ml
.....h...... > ....ml
.....h...... > ....ml

Soins: ....

Urines
☐☐☐☐
☐☐☐☐

Selles: N:normale
M:molle / D: dure
☐☐☐☐☐

Sommeil ex 10h30 > 35' bien dormi
.....h...... > ....
.....h...... > ....
.....h...... > ....

Activités: ....
....
....

Notes: ....
....
....
....
....

Date : ....../...... ....h..../....h.... **Infos des Parents?** voir page ....

Repas: ....
....
....
....
....
....

Collation(s): ....
....

Biberon(s)
.....h...... > ....ml
.....h...... > ....ml
.....h...... > ....ml
.....h...... > ....ml

Urines
☐☐☐☐
☐☐☐☐

Selles: N:normale M:molle / D: dure
☐☐☐☐

Soins: ....

Sommeil ex 10h30 > 35' bien dormi
.....h...... > ....
.....h...... > ....
.....h...... > ....

Activités: ....
....
....

Notes: ....
....
....
....
....

Date : ....../...... ....h..../....h.... **Infos des Parents?** voir page ....

Repas: ....
....
....
....
....
....

Collation(s): ....
....

Biberon(s)
.....h...... > ....ml
.....h...... > ....ml
.....h...... > ....ml
.....h...... > ....ml

Urines
☐☐☐☐
☐☐☐☐

Selles: N:normale M:molle / D: dure
☐☐☐☐

Soins: ....

Sommeil ex 10h30 > 35' bien dormi
.....h...... > ....
.....h...... > ....
.....h...... > ....

Activités: ....
....
....

Notes: ....
....
....
....
....

Date : ...../..... ....h..../....h....

Repas: ....
....
....
....
....

Collation(s): ....
....

Biberon(s)
.....h..... > ....ml
.....h..... > ....ml
.....h..... > ....ml
.....h..... > ....ml

Urines
☐ ☐ ☐ ☐
☐ ☐ ☐ ☐

Selles: N:normale
M:molle / D: dure
☐ ☐ ☐ ☐ ☐

Soins: ....

Infos des Parents? voir page ....

Sommeil ex 10h30 > 35' bien dormi
.....h..... > ....
.....h..... > ....
.....h..... > ....

Activités: ....
....
....
....

Notes: ....
....
....
....
....
....

Date : ...../..... ....h..../....h....

Repas: ....
....
....
....
....

Collation(s): ....
....

Biberon(s)
.....h..... > ....ml
.....h..... > ....ml
.....h..... > ....ml
.....h..... > ....ml

Urines
☐ ☐ ☐ ☐
☐ ☐ ☐ ☐

Selles: N:normale
M:molle / D: dure
☐ ☐ ☐ ☐ ☐

Soins: ....

Infos des Parents? voir page ....

Sommeil ex 10h30 > 35' bien dormi
.....h..... > ....
.....h..... > ....
.....h..... > ....

Activités: ....
....
....
....

Notes: ....
....
....
....
....
....

Date : ..... / ....h..... / ....h..... ☀️ ☁️ **Infos des Parents?** voir page ....

Repas: ....
....
....
....
....
....

Collation(s): ....
....

Biberon(s)
.....h..... > ....ml
.....h..... > ....ml
.....h..... > ....ml
.....h..... > ....ml

Urines
☐☐☐☐
☐☐☐☐

Selles: N:normale / M:molle / D: dure
☐☐☐☐

Soins: ....

Sommeil ex 10h30 > 35' bien dormi
.....h..... > ....
.....h..... > ....
.....h..... > ....

Activités: ....
....

Notes: ....
....
....
....
....

Date : ..... / ....h..... / ....h..... ☀️ ☁️ **Infos des Parents?** voir page ....

Repas: ....
....
....
....
....
....

Collation(s): ....
....

Biberon(s)
.....h..... > ....ml
.....h..... > ....ml
.....h..... > ....ml
.....h..... > ....ml

Urines
☐☐☐☐
☐☐☐☐

Selles: N:normale / M:molle / D: dure
☐☐☐☐

Soins: ....

Sommeil ex 10h30 > 35' bien dormi
.....h..... > ....
.....h..... > ....
.....h..... > ....

Activités: ....
....

Notes: ....
....
....
....
....

Date : ...../..... ....h..../...h.... **Infos des Parents ?** voir page ....

Repas: ....
....
....
....

Collation(s): ....
....

Biberon(s)
.....h...... > ....ml
.....h...... > ....ml
.....h...... > ....ml
.....h...... > ....ml

Soins: ....

Urines
☐☐☐☐
☐☐☐☐

Selles: N:normale
M:molle / D: dure
☐☐☐☐☐

Sommeil ex 10h30 > 35' bien dormi
.....h...... > ....
.....h...... > ....
.....h...... > ....

Activités: ....
....
....

Notes: ....
....
....
....
....

Date : ...../..... ....h..../...h.... **Infos des Parents ?** voir page ....

Repas: ....
....
....
....

Collation(s): ....
....

Biberon(s)
.....h...... > ....ml
.....h...... > ....ml
.....h...... > ....ml
.....h...... > ....ml

Soins: ....

Urines
☐☐☐☐
☐☐☐☐

Selles: N:normale
M:molle / D: dure
☐☐☐☐☐

Sommeil ex 10h30 > 35' bien dormi
.....h...... > ....
.....h...... > ....
.....h...... > ....

Activités: ....
....
....

Notes: ....
....
....
....
....

Date : ...../..... ....h..../...h....

Repas: ....
....
....
....
....
....

Collation(s): ....
....

Biberon(s)
.....h...... > ....ml
.....h...... > ....ml
.....h...... > ....ml
.....h...... > ....ml

Soins: ....

Urines
☐ ☐ ☐ ☐
☐ ☐ ☐ ☐

Selles: N:normale
M:molle / D: dure
☐ ☐ ☐ ☐ ☐

Infos des Parents?
voir page ....

Sommeil ex 10h30 > 35' bien dormi
.....h...... > ....
.....h...... > ....
.....h...... > ....

Activités: ....
....
....
....

Notes: ....
....
....
....
....

Date : ...../..... ....h..../...h....

Repas: ....
....
....
....
....
....

Collation(s): ....
....

Biberon(s)
.....h...... > ....ml
.....h...... > ....ml
.....h...... > ....ml
.....h...... > ....ml

Soins: ....

Urines
☐ ☐ ☐ ☐
☐ ☐ ☐ ☐

Selles: N:normale
M:molle / D: dure
☐ ☐ ☐ ☐ ☐

Infos des Parents?
voir page ....

Sommeil ex 10h30 > 35' bien dormi
.....h...... > ....
.....h...... > ....
.....h...... > ....

Activités: ....
....
....
....

Notes: ....
....
....
....
....

Date : ..... / ....h.... / ...h....   ☀️☁️ **Infos des Parents?** voir page ....

Repas: ....
....
....
....
....

Collation(s) : ....
....

Biberon(s)
.....h..... > ....ml
.....h..... > ....ml
.....h..... > ....ml
.....h..... > ....ml

Soins: ....

Urines
☐☐☐☐☐
☐☐☐☐☐

Selles: N:normale / M:molle / D: dure
☐☐☐☐☐

Sommeil ex 10h30 > 35' bien dormi
.....h..... > ....
.....h..... > ....
.....h..... > ....

Activités: ....
....
....

Notes: ....
....
....
....
....

Date : ..... / ....h.... / ...h....   ☀️☁️ **Infos des Parents?** voir page ....

Repas: ....
....
....
....
....

Collation(s) : ....
....

Biberon(s)
.....h..... > ....ml
.....h..... > ....ml
.....h..... > ....ml
.....h..... > ....ml

Soins: ....

Urines
☐☐☐☐☐
☐☐☐☐☐

Selles: N:normale / M:molle / D: dure
☐☐☐☐☐

Sommeil ex 10h30 > 35' bien dormi
.....h..... > ....
.....h..... > ....
.....h..... > ....

Activités: ....
....
....

Notes: ....
....
....
....
....

Date : ...../...... ....h..../....h.... **Infos des Parents?** voir page ....

Repas: ....
....
....
....
....

Collation(s): ....
....

Biberon(s)
.....h...... > ....ml
.....h...... > ....ml
.....h...... > ....ml
.....h...... > ....ml

Urines
☐☐☐☐
☐☐☐☐

Selles: N:normale / M:molle / D: dure
☐☐☐☐

Soins: ....

Sommeil ex 10h30 > 35' bien dormi
.....h...... > ....
.....h...... > ....
.....h...... > ....

Activités: ....
....
....
....

Notes: ....
....
....
....
....

Date : ...../...... ....h..../....h.... **Infos des Parents?** voir page ....

Repas: ....
....
....
....
....

Collation(s): ....
....

Biberon(s)
.....h...... > ....ml
.....h...... > ....ml
.....h...... > ....ml
.....h...... > ....ml

Urines
☐☐☐☐
☐☐☐☐

Selles: N:normale / M:molle / D: dure
☐☐☐☐

Soins: ....

Sommeil ex 10h30 > 35' bien dormi
.....h...... > ....
.....h...... > ....
.....h...... > ....

Activités: ....
....
....

Notes: ....
....
....
....
....

Date : ....../...... ....h..../....h.... **Infos des Parents?** voir page ....

Repas: ....
....
....
....
....

Collation(s): ....
....

Biberon(s)
......h...... > ....ml
......h...... > ....ml
......h...... > ....ml
......h...... > ....ml

Soins: ....

Urines
☐ ☐ ☐ ☐
☐ ☐ ☐ ☐

Selles: N:normale M:molle / D: dure
☐ ☐ ☐ ☐

Sommeil ex 10h30 > 35' bien dormi
......h...... > ....
......h...... > ....
......h...... > ....

Activités: ....
....
....

Notes: ....
....
....
....
....

Date : ....../...... ....h..../....h.... **Infos des Parents?** voir page ....

Repas: ....
....
....
....
....

Collation(s): ....
....

Biberon(s)
......h...... > ....ml
......h...... > ....ml
......h...... > ....ml
......h...... > ....ml

Soins: ....

Urines
☐ ☐ ☐ ☐
☐ ☐ ☐ ☐

Selles: N:normale M:molle / D: dure
☐ ☐ ☐ ☐

Sommeil ex 10h30 > 35' bien dormi
......h...... > ....
......h...... > ....
......h...... > ....

Activités: ....
....
....

Notes: ....
....
....
....
....

Date : ..... / ....h.... / ....h.... 🌞☁️ **Infos des Parents ?** voir page ....

Repas: ....
....
....
....
....

Collation(s): ....
....

Biberon(s)
....h..... > ....ml
....h..... > ....ml
....h..... > ....ml
....h..... > ....ml

Soins: ....

Urines
☐ ☐ ☐ ☐
☐ ☐ ☐ ☐

Selles: N:normale / M:molle / D: dure
☐ ☐ ☐ ☐

Sommeil ex 10h30 > 35' bien dormi
.....h..... > ....
.....h..... > ....
.....h..... > ....

Activités: ....
....

Notes: ....
....
....
....

Date : ..... / ....h.... / ....h.... 🌞☁️ **Infos des Parents ?** voir page ....

Repas: ....
....
....
....
....

Collation(s): ....
....

Biberon(s)
....h..... > ....ml
....h..... > ....ml
....h..... > ....ml
....h..... > ....ml

Soins: ....

Urines
☐ ☐ ☐ ☐
☐ ☐ ☐ ☐

Selles: N:normale / M:molle / D: dure
☐ ☐ ☐ ☐

Sommeil ex 10h30 > 35' bien dormi
.....h..... > ....
.....h..... > ....
.....h..... > ....

Activités: ....
....

Notes: ....
....
....
....

Date : ..../.... ....h..../....h.... ☀️☁️ **Infos des Parents?** voir page ....

Repas: ....
....
....
....
....
....

Collation(s): ....
....

Biberon(s)
....h.... > ....ml
....h.... > ....ml
....h.... > ....ml
....h.... > ....ml

Urines
☐☐☐☐
☐☐☐☐

Selles: N:normale
M:molle / D: dure
☐☐☐☐

Soins: ....

Sommeil ex 10h30 > 35' bien dormi
....h.... > ....
....h.... > ....
....h.... > ....

Activités: ....
....
....
....

Notes: ....
....
....
....
....
....

Date : ..../.... ....h..../....h.... ☀️☁️ **Infos des Parents?** voir page ....

Repas: ....
....
....
....
....
....

Collation(s): ....
....

Biberon(s)
....h.... > ....ml
....h.... > ....ml
....h.... > ....ml
....h.... > ....ml

Urines
☐☐☐☐
☐☐☐☐

Selles: N:normale
M:molle / D: dure
☐☐☐☐

Soins: ....

Sommeil ex 10h30 > 35' bien dormi
....h.... > ....
....h.... > ....
....h.... > ....

Activités: ....
....
....
....

Notes: ....
....
....
....
....
....

Date : ..... / ....h..../....h.... ☀️ ☁️ **Infos des Parents?** voir page ....

Repas: ....
....
....
....
....
....

Collation(s): ....
....

Biberon(s)
.....h..... > ....ml
.....h..... > ....ml
.....h..... > ....ml
.....h..... > ....ml

Soins: ....

Urines
☐☐☐☐
☐☐☐☐

Selles: N:normale / M:molle / D: dure
☐☐☐☐

Sommeil ex 10h30 > 35' bien dormi
.....h..... > ....
.....h..... > ....
.....h..... > ....

Activités: ....
....
....

Notes: ....
....
....
....
....
....

Date : ..... / ....h..../....h.... ☀️ ☁️ **Infos des Parents?** voir page ....

Repas: ....
....
....
....
....
....

Collation(s): ....
....

Biberon(s)
.....h..... > ....ml
.....h..... > ....ml
.....h..... > ....ml
.....h..... > ....ml

Soins: ....

Urines
☐☐☐☐
☐☐☐☐

Selles: N:normale / M:molle / D: dure
☐☐☐☐

Sommeil ex 10h30 > 35' bien dormi
.....h..... > ....
.....h..... > ....
.....h..... > ....

Activités: ....
....
....

Notes: ....
....
....
....
....
....

Date : ...../..... ....h..../....h....

Infos des Parents? voir page ....

Repas: ....
....
....
....
....
....

Sommeil ex 10h30 > 35' bien dormi
.....h..... > ....
.....h..... > ....
.....h..... > ....

Activités: ....
....
....

Collation(s): ....
....

Biberon(s)
.....h..... > ....ml
.....h..... > ....ml
.....h..... > ....ml
.....h..... > ....ml

Urines ☐☐☐☐☐ ☐☐☐☐☐

Selles: N:normale / M:molle / D: dure
☐☐☐☐☐

Soins:..........................

Notes:......................................
....
....
....
....

Date : ...../..... ....h..../....h....

Infos des Parents? voir page ....

Repas: ....
....
....
....
....
....

Sommeil ex 10h30 > 35' bien dormi
.....h..... > ....
.....h..... > ....
.....h..... > ....

Activités: ....
....
....

Collation(s): ....
....

Biberon(s)
.....h..... > ....ml
.....h..... > ....ml
.....h..... > ....ml
.....h..... > ....ml

Urines ☐☐☐☐☐ ☐☐☐☐☐

Selles: N:normale / M:molle / D: dure
☐☐☐☐☐

Soins:..........................

Notes:......................................
....
....
....
....

Date : ...../..... ....h..../....h....　　**Infos des Parents?** voir page ....

Repas: ....
....
....
....
....

Collation(s): ....
....

Biberon(s)
.....h..... > ....ml
.....h..... > ....ml
.....h..... > ....ml
.....h..... > ....ml

Urines ☐☐☐☐ ☐☐☐

Selles: N:normale / M:molle / D: dure
☐☐☐☐

Soins: ....

Sommeil ex 10h30 > 35' bien dormi
.....h..... > ....
.....h..... > ....
.....h..... > ....

Activités: ....
....

Notes: ....
....
....
....
....

Date : ...../..... ....h..../....h....　　**Infos des Parents?** voir page ....

Repas: ....
....
....
....
....

Collation(s): ....
....

Biberon(s)
.....h..... > ....ml
.....h..... > ....ml
.....h..... > ....ml
.....h..... > ....ml

Urines ☐☐☐☐ ☐☐☐

Selles: N:normale / M:molle / D: dure
☐☐☐☐

Soins: ....

Sommeil ex 10h30 > 35' bien dormi
.....h..... > ....
.....h..... > ....
.....h..... > ....

Activités: ....
....

Notes: ....
....
....
....
....

Date : ...../..... ....h..../....h.... **Infos des Parents?** voir page ....

Repas: ....
....
....
....
....

Collation(s): ....
....

Biberon(s)
.....h...... > ....ml
.....h...... > ....ml
.....h...... > ....ml
.....h...... > ....ml

Soins: ....

Urines
☐☐☐☐☐
☐☐☐☐

Selles: N:normale / M:molle / D: dure
☐☐☐☐☐

Sommeil ex 10h30 > 35' bien dormi
.....h...... > ....
.....h...... > ....
.....h...... > ....

Activités: ....
....
....
....

Notes: ....
....
....
....
....

Date : ...../..... ....h..../....h.... **Infos des Parents?** voir page ....

Repas: ....
....
....
....
....

Collation(s): ....
....

Biberon(s)
.....h...... > ....ml
.....h...... > ....ml
.....h...... > ....ml
.....h...... > ....ml

Soins: ....

Urines
☐☐☐☐☐
☐☐☐☐

Selles: N:normale / M:molle / D: dure
☐☐☐☐☐

Sommeil ex 10h30 > 35' bien dormi
.....h...... > ....
.....h...... > ....
.....h...... > ....

Activités: ....
....
....

Notes: ....
....
....
....
....

Date : ...../..... ....h..../....h.... **Infos des Parents?** voir page ....

Repas: ....
....
....
....

Collation(s): ....
....

Biberon(s)
.....h...... > ....ml
.....h...... > ....ml
.....h...... > ....ml
.....h...... > ....ml
Soins: ....

Urines ☐☐☐☐ ☐☐☐☐

Selles: N:normale / M:molle / D: dure
☐☐☐☐

Sommeil ex 10h30 > 35' bien dormi
.....h...... > ....
.....h...... > ....
.....h...... > ....

Activités: ....
....

Notes: ....
....
....
....
....

Date : ...../..... ....h..../....h.... **Infos des Parents?** voir page ....

Repas: ....
....
....
....

Collation(s): ....
....

Biberon(s)
.....h...... > ....ml
.....h...... > ....ml
.....h...... > ....ml
.....h...... > ....ml
Soins: ....

Urines ☐☐☐☐ ☐☐☐☐

Selles: N:normale / M:molle / D: dure
☐☐☐☐

Sommeil ex 10h30 > 35' bien dormi
.....h...... > ....
.....h...... > ....
.....h...... > ....

Activités: ....
....

Notes: ....
....
....
....
....

Date : ..... / ....h.... / ....h.... **Infos des Parents?** voir page ....

Repas: ....

Collation(s): ....

Biberon(s)
.....h..... > ....ml
.....h..... > ....ml
.....h..... > ....ml
.....h..... > ....ml

Soins: ....

Urines
☐☐☐☐☐
☐☐☐☐☐

Selles: N:normale / M:molle / D: dure
☐☐☐☐☐

Sommeil ex 10h30 > 35' bien dormi
.....h..... > ....
.....h..... > ....
.....h..... > ....

Activités: ....

Notes: ....

Date : ..... / ....h.... / ....h.... **Infos des Parents?** voir page ....

Repas: ....

Collation(s): ....

Biberon(s)
.....h..... > ....ml
.....h..... > ....ml
.....h..... > ....ml
.....h..... > ....ml

Soins: ....

Urines
☐☐☐☐☐
☐☐☐☐☐

Selles: N:normale / M:molle / D: dure
☐☐☐☐☐

Sommeil ex 10h30 > 35' bien dormi
.....h..... > ....
.....h..... > ....
.....h..... > ....

Activités: ....

Notes: ....

Date : ....../...... ....h..../....h.... **Infos des Parents?** voir page ....

Repas: ....
....
....
....
....

Collation(s): ....
....

Biberon(s)
....h...... > ....ml
....h...... > ....ml
....h...... > ....ml
....h...... > ....ml

Soins: ....

Urines
☐☐☐☐
☐☐☐☐

Selles: N:normale
M:molle / D: dure
☐☐☐☐

Sommeil ex 10h30 > 35' bien dormi
....h...... > ....
....h...... > ....
....h...... > ....

Activités: ....
....

Notes: ....
....
....
....
....

Date : ....../...... ....h..../....h.... **Infos des Parents?** voir page ....

Repas: ....
....
....
....
....

Collation(s): ....
....

Biberon(s)
....h...... > ....ml
....h...... > ....ml
....h...... > ....ml
....h...... > ....ml

Soins: ....

Urines
☐☐☐☐
☐☐☐☐

Selles: N:normale
M:molle / D: dure
☐☐☐☐

Sommeil ex 10h30 > 35' bien dormi
....h...... > ....
....h...... > ....
....h...... > ....

Activités: ....
....

Notes: ....
....
....
....

Date : ..... / ....h.... / ....h....   **Infos des Parents?** voir page ....

Repas: ....
....
....
....
....
....

Collation(s): ....
....

Biberon(s)   **Urines**
.....h..... > ....ml   ☐☐☐☐
.....h..... > ....ml   ☐☐☐☐
.....h..... > ....ml   **Selles:** N:normale
.....h..... > ....ml   M:molle / D: dure
Soins: ....   ☐☐☐☐

Sommeil ex 10h30 > 35' bien dormi
.....h..... > ....
.....h..... > ....
.....h..... > ....

Activités: ....
....
....
....

Notes: ....
....
....
....
....
....

Date : ..... / ....h.... / ....h....   **Infos des Parents?** voir page ....

Repas: ....
....
....
....
....
....

Collation(s): ....
....

Biberon(s)   **Urines**
.....h..... > ....ml   ☐☐☐☐
.....h..... > ....ml   ☐☐☐☐
.....h..... > ....ml   **Selles:** N:normale
.....h..... > ....ml   M:molle / D: dure
Soins: ....   ☐☐☐☐

Sommeil ex 10h30 > 35' bien dormi
.....h..... > ....
.....h..... > ....
.....h..... > ....

Activités: ....
....
....
....

Notes: ....
....
....
....
....
....

Date : ...../..... ....h..../....h.... **Infos des Parents?** voir page ....

Repas: ....
....
....
....
....

Collation(s): ....
....

Biberon(s)
.....h..... > ....ml
.....h..... > ....ml
.....h..... > ....ml
.....h..... > ....ml

Soins: ....

Urines
☐☐☐☐
☐☐☐☐

Selles: N:normale / M:molle / D: dure
☐☐☐☐

Sommeil ex 10h30 > 35' bien dormi
.....h..... > ....
.....h..... > ....
.....h..... > ....

Activités: ....
....
....

Notes: ....
....
....
....
....

Date : ...../..... ....h..../....h.... **Infos des Parents?** voir page ....

Repas: ....
....
....
....
....

Collation(s): ....
....

Biberon(s)
.....h..... > ....ml
.....h..... > ....ml
.....h..... > ....ml
.....h..... > ....ml

Soins: ....

Urines
☐☐☐☐
☐☐☐☐

Selles: N:normale / M:molle / D: dure
☐☐☐☐

Sommeil ex 10h30 > 35' bien dormi
.....h..... > ....
.....h..... > ....
.....h..... > ....

Activités: ....
....
....

Notes: ....
....
....
....
....

Date : ..../..... ....h..../....h.... ☀️☁️ Infos des Parents?
voir page ....

Repas: ....
....
....
....
....

Collation(s): ....
....

Biberon(s)
.....h...... > ....ml
.....h...... > ....ml
.....h...... > ....ml
.....h...... > ....ml

Urines
☐☐☐☐
☐☐☐☐

Selles: N:normale
M:molle / D: dure
☐☐☐☐

Soins: ....

Sommeil ex 10h30 > 35' bien dormi
.....h...... > ....
.....h...... > ....
.....h...... > ....

Activités: ....
....
....

Notes: ....
....
....
....
....

Date : ..../..... ....h..../....h.... ☀️☁️ Infos des Parents?
voir page ....

Repas: ....
....
....
....
....

Collation(s): ....
....

Biberon(s)
.....h...... > ....ml
.....h...... > ....ml
.....h...... > ....ml
.....h...... > ....ml

Urines
☐☐☐☐
☐☐☐☐

Selles: N:normale
M:molle / D: dure
☐☐☐☐

Soins: ....

Sommeil ex 10h30 > 35' bien dormi
.....h...... > ....
.....h...... > ....
.....h...... > ....

Activités: ....
....
....

Notes: ....
....
....
....
....

Date : ....../...... ....h..../....h.... ☀️ ☁️ **Infos des Parents?**
voir page ....

Repas: ....
....
....
....
....

Collation(s): ....
....

Biberon(s)
....h...... > ....ml
....h...... > ....ml
....h...... > ....ml
....h...... > ....ml

Soins: ....

Urines
☐ ☐ ☐ ☐
☐ ☐ ☐ ☐

Selles: N:normale
M:molle / D: dure
☐ ☐ ☐ ☐

Sommeil ex 10h30 > 35' bien dormi
....h...... > ....
....h...... > ....
....h...... > ....

Activités: ....
....
....
....

Notes: ....
....
....
....
....

Date : ....../...... ....h..../....h.... ☀️ ☁️ **Infos des Parents?**
voir page ....

Repas: ....
....
....
....
....

Collation(s): ....
....

Biberon(s)
....h...... > ....ml
....h...... > ....ml
....h...... > ....ml
....h...... > ....ml

Soins: ....

Urines
☐ ☐ ☐ ☐
☐ ☐ ☐ ☐

Selles: N:normale
M:molle / D: dure
☐ ☐ ☐ ☐

Sommeil ex 10h30 > 35' bien dormi
....h...... > ....
....h...... > ....
....h...... > ....

Activités: ....
....
....
....

Notes: ....
....
....
....
....

Date : ..... / ....h..... / ....h....

Repas: ....
....
....
....
....

Collation(s): ....
....

Biberon(s)
.....h..... > ....ml
.....h..... > ....ml
.....h..... > ....ml
.....h..... > ....ml

Soins: ....

Urines
☐ ☐ ☐ ☐
☐ ☐ ☐ ☐

Selles: N:normale / M:molle / D: dure
☐ ☐ ☐ ☐

Infos des Parents? voir page ....

Sommeil ex 10h30 > 35' bien dormi
.....h..... > ....
.....h..... > ....
.....h..... > ....

Activités: ....
....
....

Notes: ....
....
....
....
....

Date : ..... / ....h..... / ....h....

Repas: ....
....
....
....
....

Collation(s): ....
....

Biberon(s)
.....h..... > ....ml
.....h..... > ....ml
.....h..... > ....ml
.....h..... > ....ml

Soins: ....

Urines
☐ ☐ ☐ ☐
☐ ☐ ☐ ☐

Selles: N:normale / M:molle / D: dure
☐ ☐ ☐ ☐

Infos des Parents? voir page ....

Sommeil ex 10h30 > 35' bien dormi
.....h..... > ....
.....h..... > ....
.....h..... > ....

Activités: ....
....
....

Notes: ....
....
....
....
....

Date : ..... / ....h..../....h.... **Infos des Parents?** voir page ....

Repas: ....
....
....
....
....

Collation(s): ....
....

Biberon(s)
.....h...... > ....ml
.....h...... > ....ml
.....h...... > ....ml
.....h...... > ....ml

Soins: ....

Urines ☐☐ ☐☐ / ☐☐ ☐☐

Selles: N:normale / M:molle / D: dure
☐☐ ☐☐

Sommeil ex 10h30 > 35' bien dormi
.....h...... > ....
.....h...... > ....
.....h...... > ....

Activités: ....
....
....

Notes: ....
....
....
....
....

Date : ..... / ....h..../....h.... **Infos des Parents?** voir page ....

Repas: ....
....
....
....
....

Collation(s): ....
....

Biberon(s)
.....h...... > ....ml
.....h...... > ....ml
.....h...... > ....ml
.....h...... > ....ml

Soins: ....

Urines ☐☐ ☐☐ / ☐☐ ☐☐

Selles: N:normale / M:molle / D: dure
☐☐ ☐☐

Sommeil ex 10h30 > 35' bien dormi
.....h...... > ....
.....h...... > ....
.....h...... > ....

Activités: ....
....
....

Notes: ....
....
....
....
....

Date : ..... / ....h.... / ....h.... **Infos des Parents?** voir page ....

Repas: ....

....
....
....
....

Sommeil ex 10h30 > 35' bien dormi
.....h...... > ....
.....h...... > ....
.....h...... > ....

Activités: ....
....

Collation(s): ....
....

Biberon(s)
.....h...... > ....ml
.....h...... > ....ml
.....h...... > ....ml
.....h...... > ....ml

Urines
☐☐☐☐
☐☐☐☐

Selles: N:normale
M:molle / D: dure
☐☐☐☐☐

Notes: ....
....
....
....
....

Soins: ....

Date : ..... / ....h.... / ....h.... **Infos des Parents?** voir page ....

Repas: ....

....
....
....
....

Sommeil ex 10h30 > 35' bien dormi
.....h...... > ....
.....h...... > ....
.....h...... > ....

Activités: ....
....

Collation(s): ....
....

Biberon(s)
.....h...... > ....ml
.....h...... > ....ml
.....h...... > ....ml
.....h...... > ....ml

Urines
☐☐☐☐
☐☐☐☐

Selles: N:normale
M:molle / D: dure
☐☐☐☐☐

Notes: ....
....
....
....
....

Soins: ....

Date : ..... / ....h..... / ....h....

Repas: ....
....
....
....
....

Collation(s): ....
....

Biberon(s)
....h..... > ....ml
....h..... > ....ml
....h..... > ....ml
....h..... > ....ml

Soins: ....

Infos des Parents? voir page ....

Sommeil ex 10h30 > 35' bien dormi
....h..... > ....
....h..... > ....
....h..... > ....

Activités: ....
....

Urines ☐☐☐☐ ☐☐☐☐

Selles: N:normale / M:molle / D: dure
☐☐☐☐

Notes: ....
....
....
....
....

Date : ..... / ....h..... / ....h....

Repas: ....
....
....
....
....

Collation(s): ....
....

Biberon(s)
....h..... > ....ml
....h..... > ....ml
....h..... > ....ml
....h..... > ....ml

Soins: ....

Infos des Parents? voir page ....

Sommeil ex 10h30 > 35' bien dormi
....h..... > ....
....h..... > ....
....h..... > ....

Activités: ....
....

Urines ☐☐☐☐ ☐☐☐☐

Selles: N:normale / M:molle / D: dure
☐☐☐☐

Notes: ....
....
....
....
....

Date : ...../..... ....h..../....h.... **Infos des Parents?** voir page ....

Repas: ....
....
....
....
....

Collation(s): ....
....

Biberon(s) **Urines**
.....h..... > ....ml ☐☐☐☐
.....h..... > ....ml ☐☐☐☐
.....h..... > ....ml **Selles:** N:normale
.....h..... > ....ml M:molle / D: dure

Soins: .... ☐☐☐☐

Sommeil ex 10h30 > 35' bien dormi
.....h..... > ....
.....h..... > ....
.....h..... > ....

Activités: ....
....
....
....

Notes: ....
....
....
....
....
....

Date : ...../..... ....h..../....h.... **Infos des Parents?** voir page ....

Repas: ....
....
....
....
....

Collation(s): ....
....

Biberon(s) **Urines**
.....h..... > ....ml ☐☐☐☐
.....h..... > ....ml ☐☐☐☐
.....h..... > ....ml **Selles:** N:normale
.....h..... > ....ml M:molle / D: dure

Soins: .... ☐☐☐☐

Sommeil ex 10h30 > 35' bien dormi
.....h..... > ....
.....h..... > ....
.....h..... > ....

Activités: ....
....
....
....

Notes: ....
....
....
....
....
....

Date : ..../.... ....h..../....h.... **Infos des Parents?** voir page ....

Repas: ....
....
....
....
....

Collation(s): ....
....

Biberon(s)
.....h...... > ....ml
.....h...... > ....ml
.....h...... > ....ml
.....h...... > ....ml

Soins: ....

Urines
☐☐☐☐
☐☐☐☐

Selles: N:normale
M:molle / D: dure
☐☐☐☐

Sommeil ex 10h30 > 35' bien dormi
.....h...... > ....
.....h...... > ....
.....h...... > ....

Activités: ....
....

Notes: ....
....
....
....
....

Date : ..../.... ....h..../....h.... **Infos des Parents?** voir page ....

Repas: ....
....
....
....
....

Collation(s): ....
....

Biberon(s)
.....h...... > ....ml
.....h...... > ....ml
.....h...... > ....ml
.....h...... > ....ml

Soins: ....

Urines
☐☐☐☐
☐☐☐☐

Selles: N:normale
M:molle / D: dure
☐☐☐☐

Sommeil ex 10h30 > 35' bien dormi
.....h...... > ....
.....h...... > ....
.....h...... > ....

Activités: ....
....

Notes: ....
....
....
....
....

Date : ...../..... ....h..../....h.... **Infos des Parents?** voir page ....

Repas: ....
....
....
....
....
....

Collation(s): ....
....

Biberon(s)
.....h..... > ....ml
.....h..... > ....ml
.....h..... > ....ml
.....h..... > ....ml

Soins: ....

Urines
☐☐☐☐
☐☐☐☐

Selles: N:normale
M:molle / D: dure
☐☐☐☐

Sommeil ex 10h30 > 35' bien dormi
.....h..... > ....
.....h..... > ....
.....h..... > ....

Activités: ....
....

Notes: ....
....
....
....
....

Date : ...../..... ....h..../....h.... **Infos des Parents?** voir page ....

Repas: ....
....
....
....
....
....

Collation(s): ....
....

Biberon(s)
.....h..... > ....ml
.....h..... > ....ml
.....h..... > ....ml
.....h..... > ....ml

Soins: ....

Urines
☐☐☐☐
☐☐☐☐

Selles: N:normale
M:molle / D: dure
☐☐☐☐

Sommeil ex 10h30 > 35' bien dormi
.....h..... > ....
.....h..... > ....
.....h..... > ....

Activités: ....
....

Notes: ....
....
....
....
....

Date : ....../...... ....h..... / ....h..... **Infos des Parents?** voir page ....

Repas: ....
....
....
....
....

Collation(s): ....
....

Biberon(s)
.....h...... > ....ml
.....h...... > ....ml
.....h...... > ....ml
.....h...... > ....ml

Urines
☐☐☐☐
☐☐☐☐

Selles: N:normale / M:molle / D: dure
☐☐☐☐

Soins: ....

Sommeil ex 10h30 > 35' bien dormi
.....h...... > ....
.....h...... > ....
.....h...... > ....

Activités: ....
....
....
....

Notes: ....
....
....
....
....

Date : ....../...... ....h..... / ....h..... **Infos des Parents?** voir page ....

Repas: ....
....
....
....
....

Collation(s): ....
....

Biberon(s)
.....h...... > ....ml
.....h...... > ....ml
.....h...... > ....ml
.....h...... > ....ml

Urines
☐☐☐☐
☐☐☐☐

Selles: N:normale / M:molle / D: dure
☐☐☐☐

Soins: ....

Sommeil ex 10h30 > 35' bien dormi
.....h...... > ....
.....h...... > ....
.....h...... > ....

Activités: ....
....
....
....

Notes: ....
....
....
....
....

Date : ....../...... ....h..../....h....

Repas: ....
....
....
....
....

Collation(s): ....
....

Biberon(s)
.....h..... > ....ml
.....h..... > ....ml
.....h..... > ....ml
.....h..... > ....ml

Urines
☐☐☐☐
☐☐☐☐

Selles: N:normale / M:molle / D: dure
☐☐☐☐

Soins: ....

Infos des Parents? voir page ....

Sommeil ex 10h30 > 35' bien dormi
.....h..... > ....
.....h..... > ....
.....h..... > ....

Activités: ....
....
....
....

Notes: ....
....
....
....
....
....

Date : ....../...... ....h..../....h....

Repas: ....
....
....
....
....

Collation(s): ....
....

Biberon(s)
.....h..... > ....ml
.....h..... > ....ml
.....h..... > ....ml
.....h..... > ....ml

Urines
☐☐☐☐
☐☐☐☐

Selles: N:normale / M:molle / D: dure
☐☐☐☐

Soins: ....

Infos des Parents? voir page ....

Sommeil ex 10h30 > 35' bien dormi
.....h..... > ....
.....h..... > ....
.....h..... > ....

Activités: ....
....
....
....

Notes: ....
....
....
....
....
....

Date : ....../...... ....h..../....h.... ☀️ ☁️ **Infos des Parents** voir page ....

Repas: ....
....
....
....
....

Collation(s): ....
....

Biberon(s)
......h...... > ....ml
......h...... > ....ml
......h...... > ....ml
......h...... > ....ml

Urines
☐☐☐☐
☐☐☐☐

Selles: N:normale / M:molle / D: dure
☐☐☐☐

Soins: ....

Sommeil ex 10h30 > 35' bien dormi
......h...... > ....
......h...... > ....
......h...... > ....

Activités: ....
....
....

Notes: ....
....
....
....
....
....

Date : ....../...... ....h..../....h.... ☀️ ☁️ **Infos des Parents** voir page ....

Repas: ....
....
....
....
....

Collation(s): ....
....

Biberon(s)
......h...... > ....ml
......h...... > ....ml
......h...... > ....ml
......h...... > ....ml

Urines
☐☐☐☐
☐☐☐☐

Selles: N:normale / M:molle / D: dure
☐☐☐☐

Soins: ....

Sommeil ex 10h30 > 35' bien dormi
......h...... > ....
......h...... > ....
......h...... > ....

Activités: ....
....
....

Notes: ....
....
....
....
....
....

Date : ..../..... ....h..../....h.... ☀️☁️ **Infos des Parents?** voir page ....

Repas: ....
....
....
....
....
....

Collation(s): ....
....

Biberon(s)
.....h...... > ....ml
.....h...... > ....ml
.....h...... > ....ml
.....h...... > ....ml

Soins: ....

Urines
☐☐☐☐
☐☐☐☐

Selles: N:normale / M:molle / D: dure
☐☐☐☐☐

Sommeil ex 10h30 > 35' bien dormi
.....h...... > ....
.....h...... > ....
.....h...... > ....

Activités: ....
....
....
....

Notes: ....
....
....
....
....
....

Date : ..../..... ....h..../....h.... ☀️☁️ **Infos des Parents?** voir page ....

Repas: ....
....
....
....
....
....

Collation(s): ....
....

Biberon(s)
.....h...... > ....ml
.....h...... > ....ml
.....h...... > ....ml
.....h...... > ....ml

Soins: ....

Urines
☐☐☐☐
☐☐☐☐

Selles: N:normale / M:molle / D: dure
☐☐☐☐☐

Sommeil ex 10h30 > 35' bien dormi
.....h...... > ....
.....h...... > ....
.....h...... > ....

Activités: ....
....
....
....

Notes: ....
....
....
....
....
....

Date : ..…/..… ….h…./….h….

Repas: ....
....
....
....
....

Collation(s): ....
....

Biberon(s)
……h…… > ………ml
……h…… > ………ml
……h…… > ………ml
……h…… > ………ml

Urines
☐☐☐☐
☐☐☐☐

Selles: N:normale
M:molle / D: dure
☐☐☐☐

Soins: ....

Infos des Parents?
voir page ....

Sommeil ex 10h30 > 35' bien dormi
……h…… > ....
……h…… > ....
……h…… > ....

Activités: ....
....

Notes: ....
....
....
....
....

Date : ..…/..… ….h…./….h….

Repas: ....
....
....
....
....

Collation(s): ....
....

Biberon(s)
……h…… > ………ml
……h…… > ………ml
……h…… > ………ml
……h…… > ………ml

Urines
☐☐☐☐
☐☐☐☐

Selles: N:normale
M:molle / D: dure
☐☐☐☐

Soins: ....

Infos des Parents?
voir page ....

Sommeil ex 10h30 > 35' bien dormi
……h…… > ....
……h…… > ....
……h…… > ....

Activités: ....
....

Notes: ....
....
....
....
....

Date : ...../..... ....h..../....h....

Infos des Parents? voir page ....

Repas: ....
....
....
....
....

Collation(s): ....
....

Biberon(s)
.....h..... > ....ml
.....h..... > ....ml
.....h..... > ....ml
.....h..... > ....ml

Urines
☐☐☐☐
☐☐☐☐

Selles: N:normale
M:molle / D: dure
☐☐☐☐☐

Soins: ....

Sommeil ex 10h30 > 35' bien dormi
.....h..... > ....
.....h..... > ....
.....h..... > ....

Activités: ....
....
....
....

Notes: ....
....
....
....
....

Date : ...../..... ....h..../....h....

Infos des Parents? voir page ....

Repas: ....
....
....
....
....

Collation(s): ....
....

Biberon(s)
.....h..... > ....ml
.....h..... > ....ml
.....h..... > ....ml
.....h..... > ....ml

Urines
☐☐☐☐
☐☐☐☐

Selles: N:normale
M:molle / D: dure
☐☐☐☐☐

Soins: ....

Sommeil ex 10h30 > 35' bien dormi
.....h..... > ....
.....h..... > ....
.....h..... > ....

Activités: ....
....
....
....

Notes: ....
....
....
....
....

Date : ....../...... ....h..../....h.... ☀️☁️ Infos des Parents ? voir page ....

Repas: ....
....
....
....
....
....

Collation(s): ....
....

Biberon(s)
.....h...... > ....ml
.....h...... > ....ml
.....h...... > ....ml
.....h...... > ....ml

Urines
☐ ☐ ☐ ☐
☐ ☐ ☐ ☐

Selles: N:normale / M:molle / D: dure
☐ ☐ ☐ ☐

Soins: ....

Sommeil ex 10h30 > 35' bien dormi
.....h...... > ....
.....h...... > ....
.....h...... > ....

Activités: ....
....
....

Notes: ....
....
....
....
....
....

Date : ....../...... ....h..../....h.... ☀️☁️ Infos des Parents ? voir page ....

Repas: ....
....
....
....
....
....

Collation(s): ....
....

Biberon(s)
.....h...... > ....ml
.....h...... > ....ml
.....h...... > ....ml
.....h...... > ....ml

Urines
☐ ☐ ☐ ☐
☐ ☐ ☐ ☐

Selles: N:normale / M:molle / D: dure
☐ ☐ ☐ ☐

Soins: ....

Sommeil ex 10h30 > 35' bien dormi
.....h...... > ....
.....h...... > ....
.....h...... > ....

Activités: ....
....
....

Notes: ....
....
....
....
....
....

Date : ...../..... ....h..../....h.... Infos des Parents? voir page ....

Repas: ....
....
....
....
....

Collation(s): ....
....

Biberon(s)
.....h..... > ....ml
.....h..... > ....ml
.....h..... > ....ml
.....h..... > ....ml

Soins: ....

Urines
☐☐☐☐
☐☐☐☐

Selles: N:normale / M:molle / D: dure
☐☐☐☐

Sommeil ex 10h30 > 35' bien dormi
.....h..... > ....
.....h..... > ....
.....h..... > ....

Activités: ....
....
....

Notes: ....
....
....
....
....
....

Date : ...../..... ....h..../....h.... Infos des Parents? voir page ....

Repas: ....
....
....
....
....

Collation(s): ....
....

Biberon(s)
.....h..... > ....ml
.....h..... > ....ml
.....h..... > ....ml
.....h..... > ....ml

Soins: ....

Urines
☐☐☐☐
☐☐☐☐

Selles: N:normale / M:molle / D: dure
☐☐☐☐

Sommeil ex 10h30 > 35' bien dormi
.....h..... > ....
.....h..... > ....
.....h..... > ....

Activités: ....
....
....

Notes: ....
....
....
....
....
....

Date : ...../...... ....h.... / ....h....

Repas: ....
....
....
....
....

Collation(s): ....
....

Biberon(s)
.....h...... > ....ml
.....h...... > ....ml
.....h...... > ....ml
.....h...... > ....ml

Urines
☐☐☐☐
☐☐☐☐

Selles: N:normale
M:molle / D: dure
☐☐☐☐

Soins: ....

Infos des Parents?
voir page ....

Sommeil ex 10h30 > 35' bien dormi
.....h...... > ....
.....h...... > ....
.....h...... > ....

Activités: ....
....
....

Notes: ....
....
....
....
....
....

Date : ...../...... ....h.... / ....h....

Repas: ....
....
....
....
....

Collation(s): ....
....

Biberon(s)
.....h...... > ....ml
.....h...... > ....ml
.....h...... > ....ml
.....h...... > ....ml

Urines
☐☐☐☐
☐☐☐☐

Selles: N:normale
M:molle / D: dure
☐☐☐☐

Soins: ....

Infos des Parents?
voir page ....

Sommeil ex 10h30 > 35' bien dormi
.....h...... > ....
.....h...... > ....
.....h...... > ....

Activités: ....
....
....

Notes: ....
....
....
....
....
....

Date : ....../...... ....h..../....h.... **Infos des Parents?** voir page ....

Repas: ....

Collation(s): ....

Biberon(s)
.....h...... > ....ml
.....h...... > ....ml
.....h...... > ....ml
.....h...... > ....ml

Soins: ....

Urines
☐☐☐☐
☐☐☐☐

Selles: N:normale / M:molle / D: dure
☐☐☐☐

Sommeil ex 10h30 > 35' bien dormi
.....h...... > ....
.....h...... > ....
.....h...... > ....

Activités: ....

Notes: ....

Date : ....../...... ....h..../....h.... **Infos des Parents?** voir page ....

Repas: ....

Collation(s): ....

Biberon(s)
.....h...... > ....ml
.....h...... > ....ml
.....h...... > ....ml
.....h...... > ....ml

Soins: ....

Urines
☐☐☐☐
☐☐☐☐

Selles: N:normale / M:molle / D: dure
☐☐☐☐

Sommeil ex 10h30 > 35' bien dormi
.....h...... > ....
.....h...... > ....
.....h...... > ....

Activités: ....

Notes: ....

Date : ...../..... ....h..../....h....

Repas: ....
....
....
....
....

Collation(s): ....
....

Biberon(s)
.....h...... > ....ml
.....h...... > ....ml
.....h...... > ....ml
.....h...... > ....ml

Soins: ....

Infos des Parents? voir page ....

Sommeil ex 10h30 > 35' bien dormi
.....h...... > ....
.....h...... > ....
.....h...... > ....

Activités: ....
....

Urines ☐☐☐☐ ☐☐☐☐

Selles: N:normale / M:molle / D: dure
☐☐☐☐

Notes: ....
....
....
....
....

Date : ...../..... ....h..../....h....

Repas: ....
....
....
....
....

Collation(s): ....
....

Biberon(s)
.....h...... > ....ml
.....h...... > ....ml
.....h...... > ....ml
.....h...... > ....ml

Soins: ....

Infos des Parents? voir page ....

Sommeil ex 10h30 > 35' bien dormi
.....h...... > ....
.....h...... > ....
.....h...... > ....

Activités: ....
....

Urines ☐☐☐☐ ☐☐☐☐

Selles: N:normale / M:molle / D: dure
☐☐☐☐

Notes: ....
....
....
....
....

Date : ...../..... ....h..../....h.... **Infos des Parents?** voir page ....

Repas: ....
....
....
....
....

Collation(s): ....
....

Biberon(s)
.....h...... > ....ml
.....h...... > ....ml
.....h...... > ....ml
.....h...... > ....ml

Soins: ....

Urines ☐☐☐☐
☐☐☐☐

Selles: N:normale / M:molle / D: dure
☐☐☐☐

Sommeil ex 10h30 > 35' bien dormi
.....h...... > ....
.....h...... > ....
.....h...... > ....

Activités: ....
....
....

Notes: ....
....
....
....
....

Date : ...../..... ....h..../....h.... **Infos des Parents?** voir page ....

Repas: ....
....
....
....
....

Collation(s): ....
....

Biberon(s)
.....h...... > ....ml
.....h...... > ....ml
.....h...... > ....ml
.....h...... > ....ml

Soins: ....

Urines ☐☐☐☐
☐☐☐☐

Selles: N:normale / M:molle / D: dure
☐☐☐☐

Sommeil ex 10h30 > 35' bien dormi
.....h...... > ....
.....h...... > ....
.....h...... > ....

Activités: ....
....
....

Notes: ....
....
....
....
....

Date : ...../..... ....h..../....h....

Repas: ....
....
....
....
....

Collation(s): ....
....

Biberon(s)
.....h..... > ....ml
.....h..... > ....ml
.....h..... > ....ml
.....h..... > ....ml

Soins: ....

Infos des Parents? voir page ....

Sommeil ex 10h30 > 35' bien dormi
.....h..... > ....
.....h..... > ....
.....h..... > ....

Activités: ....

Urines ☐☐☐☐ ☐☐☐☐

Selles: N:normale / M:molle / D: dure
☐☐☐☐

Notes: ....
....
....
....

Date : ...../..... ....h..../....h....

Repas: ....
....
....
....
....

Collation(s): ....
....

Biberon(s)
.....h..... > ....ml
.....h..... > ....ml
.....h..... > ....ml
.....h..... > ....ml

Soins: ....

Infos des Parents? voir page ....

Sommeil ex 10h30 > 35' bien dormi
.....h..... > ....
.....h..... > ....
.....h..... > ....

Activités: ....

Urines ☐☐☐☐ ☐☐☐☐

Selles: N:normale / M:molle / D: dure
☐☐☐☐

Notes: ....
....
....
....

Date : ...../..... ....h..../....h.... **Infos des Parents?** voir page ....

Repas: ....
....
....
....
....

Collation(s): ....
....

Biberon(s)
.....h..... > ....ml
.....h..... > ....ml
.....h..... > ....ml
.....h..... > ....ml

Urines
☐☐☐☐
☐☐☐☐

Selles: N:normale / M:molle / D: dure
☐☐☐☐

Soins: ....

Sommeil ex 10h30 > 35' bien dormi
.....h..... > ....
.....h..... > ....
.....h..... > ....

Activités: ....
....
....
....

Notes: ....
....
....
....
....
....

Date : ...../..... ....h..../....h.... **Infos des Parents?** voir page ....

Repas: ....
....
....
....
....

Collation(s): ....
....

Biberon(s)
.....h..... > ....ml
.....h..... > ....ml
.....h..... > ....ml
.....h..... > ....ml

Urines
☐☐☐☐
☐☐☐☐

Selles: N:normale / M:molle / D: dure
☐☐☐☐

Soins: ....

Sommeil ex 10h30 > 35' bien dormi
.....h..... > ....
.....h..... > ....
.....h..... > ....

Activités: ....
....
....
....

Notes: ....
....
....
....
....
....

Date : ....../...... ....h..../....h.... **Infos des Parents?** voir page ....

Repas: ....
....
....
....
....

Collation(s): ....
....

Biberon(s)
....h...... > ....ml
....h...... > ....ml
....h...... > ....ml
....h...... > ....ml

Soins: ....

Urines
☐ ☐ ☐
☐ ☐ ☐

Selles: N:normale / M:molle / D: dure
☐ ☐ ☐ ☐

Sommeil ex 10h30 > 35' bien dormi
....h...... > ....
....h...... > ....
....h...... > ....

Activités: ....
....

Notes: ....
....
....
....
....

Date : ....../...... ....h..../....h.... **Infos des Parents?** voir page ....

Repas: ....
....
....
....
....

Collation(s): ....
....

Biberon(s)
....h...... > ....ml
....h...... > ....ml
....h...... > ....ml
....h...... > ....ml

Soins: ....

Urines
☐ ☐ ☐
☐ ☐ ☐

Selles: N:normale / M:molle / D: dure
☐ ☐ ☐ ☐

Sommeil ex 10h30 > 35' bien dormi
....h...... > ....
....h...... > ....
....h...... > ....

Activités: ....
....

Notes: ....
....
....
....
....

Date : ....../...... ....h..../....h.... **Infos des Parents?** voir page ....

Repas: ....
....
....
....
....
....

Collation(s): ....
....

Biberon(s)
......h...... > ....ml
......h...... > ....ml
......h...... > ....ml
......h...... > ....ml

Urines
☐☐☐☐
☐☐☐☐

Selles: N:normale / M:molle / D: dure
☐☐☐☐

Soins: ....

Sommeil ex 10h30 > 35' bien dormi
......h...... > ....
......h...... > ....
......h...... > ....

Activités: ....
....
....

Notes: ....
....
....
....
....

Date : ....../...... ....h..../....h.... **Infos des Parents?** voir page ....

Repas: ....
....
....
....
....
....

Collation(s): ....
....

Biberon(s)
......h...... > ....ml
......h...... > ....ml
......h...... > ....ml
......h...... > ....ml

Urines
☐☐☐☐
☐☐☐☐

Selles: N:normale / M:molle / D: dure
☐☐☐☐

Soins: ....

Sommeil ex 10h30 > 35' bien dormi
......h...... > ....
......h...... > ....
......h...... > ....

Activités: ....
....
....

Notes: ....
....
....
....
....

Date : ....../...... ....h..../....h.... **Infos des Parents?** voir page ....

Repas: ....
....
....
....
....
....

Collation(s): ....
....

Biberon(s)
.....h...... > ....ml
.....h...... > ....ml
.....h...... > ....ml
.....h...... > ....ml

Soins: ....

Urines
☐☐☐☐
☐☐☐☐

Selles: N:normale / M:molle / D: dure
☐☐☐☐

Sommeil ex 10h30 > 35' bien dormi
.....h...... > ....
.....h...... > ....
.....h...... > ....

Activités: ....
....
....

Notes: ....
....
....
....
....
....

Date : ....../...... ....h..../....h.... **Infos des Parents?** voir page ....

Repas: ....
....
....
....
....
....

Collation(s): ....
....

Biberon(s)
.....h...... > ....ml
.....h...... > ....ml
.....h...... > ....ml
.....h...... > ....ml

Soins: ....

Urines
☐☐☐☐
☐☐☐☐

Selles: N:normale / M:molle / D: dure
☐☐☐☐

Sommeil ex 10h30 > 35' bien dormi
.....h...... > ....
.....h...... > ....
.....h...... > ....

Activités: ....
....
....

Notes: ....
....
....
....
....
....

Date : ....../...... ....h..../....h.... **Infos des Parents?** voir page ....

Repas: ....
....
....
....
....

Collation(s): ....
....

Biberon(s)
......h...... > ....ml
......h...... > ....ml
......h...... > ....ml
......h...... > ....ml

Urines
☐☐☐☐
☐☐☐☐

Selles: N:normale / M:molle / D: dure
☐☐☐☐

Soins: ....

Sommeil ex 10h30 > 35' bien dormi
......h...... > ....
......h...... > ....
......h...... > ....

Activités: ....
....
....

Notes: ....
....
....
....
....

Date : ....../...... ....h..../....h.... **Infos des Parents?** voir page ....

Repas: ....
....
....
....
....

Collation(s): ....
....

Biberon(s)
......h...... > ....ml
......h...... > ....ml
......h...... > ....ml
......h...... > ....ml

Urines
☐☐☐☐
☐☐☐☐

Selles: N:normale / M:molle / D: dure
☐☐☐☐

Soins: ....

Sommeil ex 10h30 > 35' bien dormi
......h...... > ....
......h...... > ....
......h...... > ....

Activités: ....
....
....

Notes: ....
....
....
....
....

Date : ...../..... ....h..../....h.... **Infos des Parents?** voir page ....

Repas: ....
....
....
....
....

Collation(s): ....
....

Biberon(s)
.....h...... > ....ml
.....h...... > ....ml
.....h...... > ....ml
.....h...... > ....ml

Soins: ....

Urines
☐☐☐☐
☐☐☐☐

Selles: N:normale / M:molle / D: dure
☐☐☐☐

Sommeil ex 10h30 > 35' bien dormi
.....h...... > ....
.....h...... > ....
.....h...... > ....

Activités: ....
....
....

Notes: ....
....
....
....
....

Date : ...../..... ....h..../....h.... **Infos des Parents?** voir page ....

Repas: ....
....
....
....
....

Collation(s): ....
....

Biberon(s)
.....h...... > ....ml
.....h...... > ....ml
.....h...... > ....ml
.....h...... > ....ml

Soins: ....

Urines
☐☐☐☐
☐☐☐☐

Selles: N:normale / M:molle / D: dure
☐☐☐☐

Sommeil ex 10h30 > 35' bien dormi
.....h...... > ....
.....h...... > ....
.....h...... > ....

Activités: ....
....
....

Notes: ....
....
....
....
....

Date : ..... / ....h..../....h.... **Infos des Parents?** voir page ....

Repas: ....
....
....
....
....

Collation(s): ....
....

Biberon(s)
.....h...... > ....ml
.....h...... > ....ml
.....h...... > ....ml
.....h...... > ....ml

Soins:........................

Urines
☐☐☐☐
☐☐☐☐

Selles: N:normale / M:molle / D: dure
☐☐☐☐

Sommeil ex 10h30 > 35' bien dormi
......h...... > ....
......h...... > ....
......h...... > ....

Activités:..................................
....
....

Notes:..
....
....
....

Date : ..... / ....h..../....h.... **Infos des Parents?** voir page ....

Repas: ....
....
....
....
....

Collation(s): ....
....

Biberon(s)
.....h...... > ....ml
.....h...... > ....ml
.....h...... > ....ml
.....h...... > ....ml

Soins:........................

Urines
☐☐☐☐
☐☐☐☐

Selles: N:normale / M:molle / D: dure
☐☐☐☐

Sommeil ex 10h30 > 35' bien dormi
......h...... > ....
......h...... > ....
......h...... > ....

Activités:..................................
....
....

Notes:..
....
....
....

Date : ...../..... ....h..../....h....

Repas: ....
....
....
....

Collation(s) : ....
....

Biberon(s)
.....h...... > ....ml
.....h...... > ....ml
.....h...... > ....ml
.....h...... > ....ml

Soins: ....

Urines
☐ ☐ ☐ ☐
☐ ☐ ☐ ☐

Selles: N:normale
M:molle / D: dure
☐ ☐ ☐ ☐

Infos des Parents?
voir page ....

Sommeil ex 10h30 > 35' bien dormi
.....h...... > ....
.....h...... > ....
.....h...... > ....

Activités: ....

Notes: ....
....
....
....

Date : ...../..... ....h..../....h....

Repas: ....
....
....
....

Collation(s) : ....
....

Biberon(s)
.....h...... > ....ml
.....h...... > ....ml
.....h...... > ....ml
.....h...... > ....ml

Soins: ....

Urines
☐ ☐ ☐ ☐
☐ ☐ ☐ ☐

Selles: N:normale
M:molle / D: dure
☐ ☐ ☐ ☐

Infos des Parents?
voir page ....

Sommeil ex 10h30 > 35' bien dormi
.....h...... > ....
.....h...... > ....
.....h...... > ....

Activités: ....

Notes: ....
....
....
....

Date : ....../...... ....h..../....h.... **Infos des Parents?** voir page ....

Repas: ....
....
....
....
....

Collation(s): ....
....

Biberon(s)
....h...... > ....ml
....h...... > ....ml
....h...... > ....ml
....h...... > ....ml

Soins: ....

Urines
☐☐☐☐☐
☐☐☐☐☐

Selles: N:normale / M:molle / D: dure
☐☐☐☐☐

Sommeil ex 10h30 > 35' bien dormi
....h...... > ....
....h...... > ....
....h...... > ....

Activités: ....
....
....

Notes: ....
....
....
....
....

Date : ....../...... ....h..../....h.... **Infos des Parents?** voir page ....

Repas: ....
....
....
....
....

Collation(s): ....
....

Biberon(s)
....h...... > ....ml
....h...... > ....ml
....h...... > ....ml
....h...... > ....ml

Soins: ....

Urines
☐☐☐☐☐
☐☐☐☐☐

Selles: N:normale / M:molle / D: dure
☐☐☐☐☐

Sommeil ex 10h30 > 35' bien dormi
....h...... > ....
....h...... > ....
....h...... > ....

Activités: ....
....
....

Notes: ....
....
....
....
....

Date : ...../..... ....h..../....h.... Infos des Parents? voir page ....

Repas: ....
....
....
....
....
....

Collation(s): ....
....

Biberon(s)
.....h...... > ....ml
.....h...... > ....ml
.....h...... > ....ml
.....h...... > ....ml

Urines ☐☐☐☐ ☐☐☐☐

Selles: N:normale / M:molle / D: dure
☐☐☐☐

Soins: ....

Sommeil ex 10h30 > 35' bien dormi
.....h...... > ....
.....h...... > ....
.....h...... > ....

Activités: ....
....
....

Notes: ....
....
....
....
....
....

Date : ...../..... ....h..../....h.... Infos des Parents? voir page ....

Repas: ....
....
....
....
....
....

Collation(s): ....
....

Biberon(s)
.....h...... > ....ml
.....h...... > ....ml
.....h...... > ....ml
.....h...... > ....ml

Urines ☐☐☐☐ ☐☐☐☐

Selles: N:normale / M:molle / D: dure
☐☐☐☐

Soins: ....

Sommeil ex 10h30 > 35' bien dormi
.....h...... > ....
.....h...... > ....
.....h...... > ....

Activités: ....
....
....

Notes: ....
....
....
....
....
....

Date : ...../..... ....h..../....h.... **Infos des Parents?** voir page ....

Repas: ....
....
....
....
....

Collation(s): ....
....

Biberon(s)
.....h..... > ....ml
.....h..... > ....ml
.....h..... > ....ml
.....h..... > ....ml

Soins: ....

Urines
☐☐☐☐
☐☐☐☐

Selles: N:normale / M:molle / D: dure
☐☐☐☐☐

Sommeil ex 10h30 > 35' bien dormi
.....h..... > ....
.....h..... > ....
.....h..... > ....

Activités: ....
....
....

Notes: ....
....
....
....
....

Date : ...../..... ....h..../....h.... **Infos des Parents?** voir page ....

Repas: ....
....
....
....
....

Collation(s): ....
....

Biberon(s)
.....h..... > ....ml
.....h..... > ....ml
.....h..... > ....ml
.....h..... > ....ml

Soins: ....

Urines
☐☐☐☐
☐☐☐☐

Selles: N:normale / M:molle / D: dure
☐☐☐☐☐

Sommeil ex 10h30 > 35' bien dormi
.....h..... > ....
.....h..... > ....
.....h..... > ....

Activités: ....
....
....

Notes: ....
....
....
....
....

Date : ...../..... ....h..../....h....

Infos des Parents? voir page ....

Repas: ....
....
....
....
....

Collation(s): ....
....

Biberon(s)
.....h..... > ....ml
.....h..... > ....ml
.....h..... > ....ml
.....h..... > ....ml

Soins: ....

Urines
☐☐☐☐
☐☐☐☐

Selles: N:normale / M:molle / D: dure
☐☐☐☐

Sommeil ex 10h30 > 35' bien dormi
.....h..... > ....
.....h..... > ....
.....h..... > ....

Activités: ....
....
....

Notes: ....
....
....
....

Date : ...../..... ....h..../....h....

Infos des Parents? voir page ....

Repas: ....
....
....
....
....

Collation(s): ....
....

Biberon(s)
.....h..... > ....ml
.....h..... > ....ml
.....h..... > ....ml
.....h..... > ....ml

Soins: ....

Urines
☐☐☐☐
☐☐☐☐

Selles: N:normale / M:molle / D: dure
☐☐☐☐

Sommeil ex 10h30 > 35' bien dormi
.....h..... > ....
.....h..... > ....
.....h..... > ....

Activités: ....
....
....

Notes: ....
....
....
....

Date : ...../..... ....h..../....h....

Repas: ....
....
....
....
....

Collation(s): ....
....

Biberon(s)
.....h..... > ....ml
.....h..... > ....ml
.....h..... > ....ml
.....h..... > ....ml

Soins: ....

Urines
☐☐☐☐
☐☐☐☐

Selles: N:normale / M:molle / D: dure
☐☐☐☐

Infos des Parents? voir page ....

Sommeil ex 10h30 > 35' bien dormi
.....h..... > ....
.....h..... > ....
.....h..... > ....

Activités: ....
....
....

Notes: ....
....
....
....
....
....

Date : ...../..... ....h..../....h....

Repas: ....
....
....
....
....

Collation(s): ....
....

Biberon(s)
.....h..... > ....ml
.....h..... > ....ml
.....h..... > ....ml
.....h..... > ....ml

Soins: ....

Urines
☐☐☐☐
☐☐☐☐

Selles: N:normale / M:molle / D: dure
☐☐☐☐

Infos des Parents? voir page ....

Sommeil ex 10h30 > 35' bien dormi
.....h..... > ....
.....h..... > ....
.....h..... > ....

Activités: ....
....
....

Notes: ....
....
....
....
....
....

Date : ....../...... ....h..../....h.... **Infos des Parents?** voir page ....

Repas: ....
....
....
....
....

Collation(s): ....
....

Biberon(s)
......h...... > ....ml
......h...... > ....ml
......h...... > ....ml
......h...... > ....ml

Soins: ....

Urines
☐☐☐☐
☐☐☐☐

Selles: N:normale / M:molle / D: dure
☐☐☐☐

Sommeil ex 10h30 > 35' bien dormi
......h...... > ....
......h...... > ....
......h...... > ....

Activités: ....
....
....

Notes: ....
....
....
....
....

Date : ....../...... ....h..../....h.... **Infos des Parents?** voir page ....

Repas: ....
....
....
....
....

Collation(s): ....
....

Biberon(s)
......h...... > ....ml
......h...... > ....ml
......h...... > ....ml
......h...... > ....ml

Soins: ....

Urines
☐☐☐☐
☐☐☐☐

Selles: N:normale / M:molle / D: dure
☐☐☐☐

Sommeil ex 10h30 > 35' bien dormi
......h...... > ....
......h...... > ....
......h...... > ....

Activités: ....
....
....

Notes: ....
....
....
....
....

Date : ....../...... ....h..../....h.... **Infos des Parents?** voir page ....

Repas: ....
....
....
....
....

Collation(s): ....
....

Biberon(s)
......h...... > ....ml
......h...... > ....ml
......h...... > ....ml
......h...... > ....ml

Urines ☐☐☐☐ ☐☐☐☐

Selles: N:normale / M:molle / D: dure
☐☐☐☐

Soins: ....

Sommeil ex 10h30 > 35' bien dormi
......h...... > ....
......h...... > ....
......h...... > ....

Activités: ....
....

Notes: ....
....
....
....
....
....

Date : ....../...... ....h..../....h.... **Infos des Parents?** voir page ....

Repas: ....
....
....
....
....

Collation(s): ....
....

Biberon(s)
......h...... > ....ml
......h...... > ....ml
......h...... > ....ml
......h...... > ....ml

Urines ☐☐☐☐ ☐☐☐☐

Selles: N:normale / M:molle / D: dure
☐☐☐☐

Soins: ....

Sommeil ex 10h30 > 35' bien dormi
......h...... > ....
......h...... > ....
......h...... > ....

Activités: ....
....

Notes: ....
....
....
....
....

Date : ...../...... ....h....../....h....

Infos des Parents ?
voir page ....

Repas: ....
....
....
....
....
....

Sommeil ex 10h30 > 35' bien dormi
.....h...... > ....
.....h...... > ....
.....h...... > ....

Activités: ....
....
....

Collation(s): ....
....

Biberon(s)
.....h...... > ....ml
.....h...... > ....ml
.....h...... > ....ml
.....h...... > ....ml

Urines
☐☐☐☐☐
☐☐☐☐☐

Selles: N:normale
M:molle / D: dure
☐☐☐☐☐

Notes: ....
....
....
....
....

Soins: ....

Date : ...../...... ....h....../....h....

Infos des Parents ?
voir page ....

Repas: ....
....
....
....
....
....

Sommeil ex 10h30 > 35' bien dormi
.....h...... > ....
.....h...... > ....
.....h...... > ....

Activités: ....
....
....

Collation(s): ....
....

Biberon(s)
.....h...... > ....ml
.....h...... > ....ml
.....h...... > ....ml
.....h...... > ....ml

Urines
☐☐☐☐☐
☐☐☐☐☐

Selles: N:normale
M:molle / D: dure
☐☐☐☐☐

Notes: ....
....
....
....
....

Soins: ....

Date : ...../..... ....h..../....h....

Repas: ....
....
....
....
....

Collation(s): ....
....

Biberon(s)
.....h..... > ....ml
.....h..... > ....ml
.....h..... > ....ml
.....h..... > ....ml

Soins: ....

Urines
☐☐☐☐
☐☐☐☐

Selles: N:normale / M:molle / D: dure
☐☐☐☐

Infos des Parents? voir page ....

Sommeil ex 10h30 > 35' bien dormi
.....h..... > ....
.....h..... > ....
.....h..... > ....

Activités: ....
....
....
....

Notes: ....
....
....
....
....
....

Date : ...../..... ....h..../....h....

Repas: ....
....
....
....
....

Collation(s): ....
....

Biberon(s)
.....h..... > ....ml
.....h..... > ....ml
.....h..... > ....ml
.....h..... > ....ml

Soins: ....

Urines
☐☐☐☐
☐☐☐☐

Selles: N:normale / M:molle / D: dure
☐☐☐☐

Infos des Parents? voir page ....

Sommeil ex 10h30 > 35' bien dormi
.....h..... > ....
.....h..... > ....
.....h..... > ....

Activités: ....
....
....
....

Notes: ....
....
....
....
....
....

Date : ....../...... ....h..../....h....   **Infos des Parents :** voir page ....

Repas: ....
....
....
....
....
....

Collation(s): ....
....

Biberon(s)
......h...... > ....ml
......h...... > ....ml
......h...... > ....ml
......h...... > ....ml

Urines ☐☐☐☐ ☐☐☐☐

Selles: N:normale / M:molle / D: dure
☐☐☐☐☐

Soins: ....

Sommeil ex 10h30 > 35' bien dormi
......h...... > ....
......h...... > ....
......h...... > ....

Activités: ....
....
....

Notes: ....
....
....
....
....
....
....

Date : ....../...... ....h..../....h....   **Infos des Parents ?** voir page ....

Repas: ....
....
....
....
....
....

Collation(s): ....
....

Biberon(s)
......h...... > ....ml
......h...... > ....ml
......h...... > ....ml
......h...... > ....ml

Urines ☐☐☐☐ ☐☐☐☐

Selles: N:normale / M:molle / D: dure
☐☐☐☐☐

Soins: ....

Sommeil ex 10h30 > 35' bien dormi
......h...... > ....
......h...... > ....
......h...... > ....

Activités: ....
....
....

Notes: ....
....
....
....
....
....

Date : ....../...... ....h..../....h.... ☀️☁️ **Infos des Parents?** voir page ....

Repas: ....
....
....
....
....
....

Collation(s): ....
....

Biberon(s)
....h...... > ....ml
....h...... > ....ml
....h...... > ....ml
....h...... > ....ml

Soins: ....

Urines
☐☐☐☐
☐☐☐☐

Selles: N:normale
M:molle / D: dure
☐☐☐☐

Sommeil ex 10h30 > 35' bien dormi
....h...... > ....
....h...... > ....
....h...... > ....

Activités: ....
....
....
....

Notes: ....
....
....
....
....

Date : ....../...... ....h..../....h.... ☀️☁️ **Infos des Parents?** voir page ....

Repas: ....
....
....
....
....
....

Collation(s): ....
....

Biberon(s)
....h...... > ....ml
....h...... > ....ml
....h...... > ....ml
....h...... > ....ml

Soins: ....

Urines
☐☐☐☐
☐☐☐☐

Selles: N:normale
M:molle / D: dure
☐☐☐☐

Sommeil ex 10h30 > 35' bien dormi
....h...... > ....
....h...... > ....
....h...... > ....

Activités: ....
....
....
....

Notes: ....
....
....
....
....

Date : ....../...... ....h..../....h.... **Infos des Parents ?** voir page ....

Repas: ....
....
....
....
....

Collation(s): ....
....

Biberon(s)
......h...... > ....ml
......h...... > ....ml
......h...... > ....ml
......h...... > ....ml

Soins: ....

Urines
☐☐☐☐
☐☐☐☐

Selles: N:normale / M:molle / D: dure
☐☐☐☐

Sommeil ex 10h30 > 35' bien dormi
......h...... > ....
......h...... > ....
......h...... > ....

Activités: ....
....

Notes: ....
....
....
....
....

Date : ....../...... ....h..../....h.... **Infos des Parents?** voir page ....

Repas: ....
....
....
....
....

Collation(s): ....
....

Biberon(s)
......h...... > ....ml
......h...... > ....ml
......h...... > ....ml
......h...... > ....ml

Soins: ....

Urines
☐☐☐☐
☐☐☐☐

Selles: N:normale / M:molle / D: dure
☐☐☐☐

Sommeil ex 10h30 > 35' bien dormi
......h...... > ....
......h...... > ....
......h...... > ....

Activités: ....
....

Notes: ....
....
....
....
....

Date : ..... / ....h.... / ....h.... ☀️ ☁️ **Infos des Parents?** voir page ....

Repas: ....
....
....
....
....

Collation(s): ....
....

Biberon(s)
.....h..... > ....ml
.....h..... > ....ml
.....h..... > ....ml
.....h..... > ....ml

Soins: ....

Urines
☐☐☐☐
☐☐☐☐

Selles: N:normale / M:molle / D: dure
☐☐☐☐

Sommeil ex 10h30 > 35' bien dormi
.....h..... > ....
.....h..... > ....
.....h..... > ....

Activités: ....
....
....

Notes: ....
....
....
....
....

Date : ..... / ....h.... / ....h.... ☀️ ☁️ **Infos des Parents?** voir page ....

Repas: ....
....
....
....
....

Collation(s): ....
....

Biberon(s)
.....h..... > ....ml
.....h..... > ....ml
.....h..... > ....ml
.....h..... > ....ml

Soins: ....

Urines
☐☐☐☐
☐☐☐☐

Selles: N:normale / M:molle / D: dure
☐☐☐☐

Sommeil ex 10h30 > 35' bien dormi
.....h..... > ....
.....h..... > ....
.....h..... > ....

Activités: ....
....
....

Notes: ....
....
....
....
....

Date : ...../..... ....h..../....h....

Repas: ....
....
....
....
....

Collation(s): ....
....

Biberon(s)
.....h...... > ....ml
.....h...... > ....ml
.....h...... > ....ml
.....h...... > ....ml

Soins: ....

Urines
☐☐☐☐
☐☐☐☐

Selles: N:normale / M:molle / D: dure
☐☐☐☐

Infos des Parents voir page ....

Sommeil ex 10h30 > 35' bien dormi
.....h...... > ....
.....h...... > ....
.....h...... > ....

Activités: ....
....
....

Notes: ....
....
....
....
....

Date : ...../..... ....h..../....h....

Repas: ....
....
....
....
....

Collation(s): ....
....

Biberon(s)
.....h...... > ....ml
.....h...... > ....ml
.....h...... > ....ml
.....h...... > ....ml

Soins: ....

Urines
☐☐☐☐
☐☐☐☐

Selles: N:normale / M:molle / D: dure
☐☐☐☐

Infos des Parents voir page ....

Sommeil ex 10h30 > 35' bien dormi
.....h...... > ....
.....h...... > ....
.....h...... > ....

Activités: ....
....
....

Notes: ....
....
....
....
....

Date : ...../..... ....h..../....h....

Infos des Parents? voir page ....

Repas: ....
....
....
....
....

Collation(s): ....
....

Biberon(s)
.....h..... > ....ml
.....h..... > ....ml
.....h..... > ....ml
.....h..... > ....ml

Soins: ....

Urines
☐☐☐☐☐
☐☐☐☐☐

Selles: N:normale / M:molle / D: dure
☐☐☐☐☐

Sommeil ex 10h30 > 35' bien dormi
.....h..... > ....
.....h..... > ....
.....h..... > ....

Activités: ....
....
....

Notes: ....
....
....
....
....

Date : ...../..... ....h..../....h....

Infos des Parents? voir page ....

Repas: ....
....
....
....
....

Collation(s): ....
....

Biberon(s)
.....h..... > ....ml
.....h..... > ....ml
.....h..... > ....ml
.....h..... > ....ml

Soins: ....

Urines
☐☐☐☐☐
☐☐☐☐☐

Selles: N:normale / M:molle / D: dure
☐☐☐☐☐

Sommeil ex 10h30 > 35' bien dormi
.....h..... > ....
.....h..... > ....
.....h..... > ....

Activités: ....
....
....

Notes: ....
....
....
....
....

Date : ...../..... ....h..../....h.... **Infos des Parents ?** voir page ....

Repas: ....
....
....
....
....

Collation(s): ....

Biberon(s)
.....h..... > ....ml
.....h..... > ....ml
.....h..... > ....ml
.....h..... > ....ml

Urines
☐ ☐ ☐ ☐
☐ ☐ ☐ ☐

Selles: N:normale / M:molle / D: dure
☐ ☐ ☐ ☐

Soins: ....

Sommeil ex 10h30 > 35' bien dormi
.....h..... > ....
.....h..... > ....
.....h..... > ....

Activités: ....
....

Notes: ....
....
....
....
....

Date : ...../..... ....h..../....h.... **Infos des Parents ?** voir page ....

Repas: ....
....
....
....
....

Collation(s): ....

Biberon(s)
.....h..... > ....ml
.....h..... > ....ml
.....h..... > ....ml
.....h..... > ....ml

Urines
☐ ☐ ☐ ☐
☐ ☐ ☐ ☐

Selles: N:normale / M:molle / D: dure
☐ ☐ ☐ ☐

Soins: ....

Sommeil ex 10h30 > 35' bien dormi
.....h..... > ....
.....h..... > ....
.....h..... > ....

Activités: ....
....

Notes: ....
....
....
....
....

Date : ...... / ....h..... / ....h.....   **Infos des Parents?** voir page ....

Repas: ....
....
....
....
....

Collation(s): ....
....

Biberon(s)
......h...... > ....ml
......h...... > ....ml
......h...... > ....ml
......h...... > ....ml

Urines
☐☐☐☐
☐☐☐☐

Selles: N:normale
M:molle / D: dure
☐☐☐☐

Soins: ....

Sommeil ex 10h30 > 35' bien dormi
......h...... > ....
......h...... > ....
......h...... > ....

Activités: ....
....
....
....

Notes: ....
....
....
....
....
....

Date : ...... / ....h..... / ....h.....   **Infos des Parents?** voir page ....

Repas: ....
....
....
....
....

Collation(s): ....
....

Biberon(s)
......h...... > ....ml
......h...... > ....ml
......h...... > ....ml
......h...... > ....ml

Urines
☐☐☐☐
☐☐☐☐

Selles: N:normale
M:molle / D: dure
☐☐☐☐

Soins: ....

Sommeil ex 10h30 > 35' bien dormi
......h...... > ....
......h...... > ....
......h...... > ....

Activités: ....
....
....
....

Notes: ....
....
....
....
....
....

Date : ..... / ....h..../....h....

Infos des Parents: voir page ....

Repas: ....
....
....
....
....
....

Collation(s): ....
....

Biberon(s)
.....h..... > ....ml
.....h..... > ....ml
.....h..... > ....ml
.....h..... > ....ml

Soins: ....

Urines
☐☐☐☐
☐☐☐☐

Selles: N:normale / M:molle / D:dure
☐☐☐☐☐

Sommeil ex 10h30 > 35' bien dormi
.....h..... > ....
.....h..... > ....
.....h..... > ....

Activités: ....
....

Notes: ....
....
....
....
....
....

Date : ..... / ....h..../....h....

Infos des Parents: voir page ....

Repas: ....
....
....
....
....
....

Collation(s): ....
....

Biberon(s)
.....h..... > ....ml
.....h..... > ....ml
.....h..... > ....ml
.....h..... > ....ml

Soins: ....

Urines
☐☐☐☐
☐☐☐☐

Selles: N:normale / M:molle / D:dure
☐☐☐☐☐

Sommeil ex 10h30 > 35' bien dormi
.....h..... > ....
.....h..... > ....
.....h..... > ....

Activités: ....
....

Notes: ....
....
....
....
....
....

Date : ...../..... ....h..../....h....

Infos des Parents? voir page ....

Repas: ....
....
....
....
....

Collation(s): ....
....

Biberon(s)
......h...... > ....ml
......h...... > ....ml
......h...... > ....ml
......h...... > ....ml

Soins: ....

Urines
☐☐☐☐☐
☐☐☐☐

Selles: N:normale
M:molle / D: dure
☐☐☐☐☐

Sommeil ex 10h30 > 35' bien dormi
......h...... > ....
......h...... > ....
......h...... > ....

Activités: ....
....
....

Notes: ....
....
....
....
....

Date : ...../..... ....h..../....h....

Infos des Parents? voir page ....

Repas: ....
....
....
....
....

Collation(s): ....
....

Biberon(s)
......h...... > ....ml
......h...... > ....ml
......h...... > ....ml
......h...... > ....ml

Soins: ....

Urines
☐☐☐☐☐
☐☐☐☐

Selles: N:normale
M:molle / D: dure
☐☐☐☐☐

Sommeil ex 10h30 > 35' bien dormi
......h...... > ....
......h...... > ....
......h...... > ....

Activités: ....
....
....

Notes: ....
....
....
....
....

Date : ..... / ....h..../....h....

Repas: ....
....
....
....
....

Collation(s): ....
....

Biberon(s)
.....h..... > ....ml
.....h..... > ....ml
.....h..... > ....ml
.....h..... > ....ml

Urines ☐☐☐☐ ☐☐☐☐

Selles: N:normale / M:molle / D: dure
☐☐☐☐

Soins: ....

Infos des Parents? voir page ....

Sommeil ex 10h30 > 35' bien dormi
.....h..... > ....
.....h..... > ....
.....h..... > ....

Activités: ....
....
....

Notes: ....
....
....
....
....

Date : ..... / ....h..../....h....

Repas: ....
....
....
....
....

Collation(s): ....
....

Biberon(s)
.....h..... > ....ml
.....h..... > ....ml
.....h..... > ....ml
.....h..... > ....ml

Urines ☐☐☐☐ ☐☐☐☐

Selles: N:normale / M:molle / D: dure
☐☐☐☐

Soins: ....

Infos des Parents? voir page ....

Sommeil ex 10h30 > 35' bien dormi
.....h..... > ....
.....h..... > ....
.....h..... > ....

Activités: ....
....
....

Notes: ....
....
....
....
....

Date : ...../..... ....h..../....h....   **Infos des Parents ?** voir page ....

Repas: ....
....
....
....
....
....

Collation(s): ....
....

Biberon(s)
.....h..... > ....ml
.....h..... > ....ml
.....h..... > ....ml
.....h..... > ....ml

Urines ☐☐☐☐ ☐☐☐☐

Selles: N:normale / M:molle / D: dure
☐☐☐☐☐

Soins: ....

Sommeil ex 10h30 > 35' bien dormi
.....h..... > ....
.....h..... > ....
.....h..... > ....

Activités: ....
....
....
....

Notes: ....
....
....
....
....
....

Date : ...../..... ....h..../....h....   **Infos des Parents ?** voir page ....

Repas: ....
....
....
....
....
....

Collation(s): ....
....

Biberon(s)
.....h..... > ....ml
.....h..... > ....ml
.....h..... > ....ml
.....h..... > ....ml

Urines ☐☐☐☐ ☐☐☐☐

Selles: N:normale / M:molle / D: dure
☐☐☐☐☐

Soins: ....

Sommeil ex 10h30 > 35' bien dormi
.....h..... > ....
.....h..... > ....
.....h..... > ....

Activités: ....
....
....
....

Notes: ....
....
....
....
....
....

Date : ...../...... ....h..../....h....   ☀️ ☁️ **Infos des Parents**
                                                     voir page ....

Repas: ....
....
....
....
....

Collation(s): ....
....

Biberon(s)   **Urines**
.....h...... > ....ml   ☐☐☐☐
.....h...... > ....ml   ☐☐☐☐
.....h...... > ....ml   **Selles:** N:normale
.....h...... > ....ml   M:molle / D: dure
Soins: ....   ☐☐☐☐

Sommeil ex 10h30 > 35' bien dormi
.....h...... > ....
.....h...... > ....
.....h...... > ....

Activités: ....
....
....
....

Notes: ....
....
....
....
....
....

Date : ...../...... ....h..../....h....   ☀️ ☁️ **Infos des Parents**
                                                     voir page ....

Repas: ....
....
....
....
....

Collation(s): ....
....

Biberon(s)   **Urines**
.....h...... > ....ml   ☐☐☐☐
.....h...... > ....ml   ☐☐☐☐
.....h...... > ....ml   **Selles:** N:normale
.....h...... > ....ml   M:molle / D: dure
Soins: ....   ☐☐☐☐

Sommeil ex 10h30 > 35' bien dormi
.....h...... > ....
.....h...... > ....
.....h...... > ....

Activités: ....
....
....
....

Notes: ....
....
....
....
....
....

Date : ...../..... ....h..../....h.... **Infos des Parents?** voir page ....

Repas: ....
....
....
....
....

Sommeil ex 10h30 > 35' bien dormi
.....h..... > ....
.....h..... > ....
.....h..... > ....

Activités: ....
....
....

Collation(s): ....
....

Biberon(s)
.....h..... > ....ml
.....h..... > ....ml
.....h..... > ....ml
.....h..... > ....ml

Urines
☐☐☐☐
☐☐☐☐

Selles: N:normale / M:molle / D: dure
☐☐☐☐☐

Notes: ....
....
....
....
....

Soins: ....

Date : ...../..... ....h..../....h.... **Infos des Parents?** voir page ....

Repas: ....
....
....
....
....

Sommeil ex 10h30 > 35' bien dormi
.....h..... > ....
.....h..... > ....
.....h..... > ....

Activités: ....
....
....

Collation(s): ....
....

Biberon(s)
.....h..... > ....ml
.....h..... > ....ml
.....h..... > ....ml
.....h..... > ....ml

Urines
☐☐☐☐
☐☐☐☐

Selles: N:normale / M:molle / D: dure
☐☐☐☐☐

Notes: ....
....
....
....
....

Soins: ....

Date : ...../..... ....h..../....h....

Repas: ....
....
....
....
....

Collation(s): ....

Biberon(s)
....h...... > ....ml
....h...... > ....ml
....h...... > ....ml
....h...... > ....ml

Soins: ....

Urines
☐☐☐☐
☐☐☐☐

Selles: N:normale / M:molle / D: dure
☐☐☐☐

Infos des Parents? voir page ....

Sommeil ex 10h30 > 35' bien dormi
....h...... > ....
....h...... > ....
....h...... > ....

Activités: ....
....

Notes: ....
....
....
....

Date : ...../..... ....h..../....h....

Repas: ....
....
....
....
....

Collation(s): ....

Biberon(s)
....h...... > ....ml
....h...... > ....ml
....h...... > ....ml
....h...... > ....ml

Soins: ....

Urines
☐☐☐☐
☐☐☐☐

Selles: N:normale / M:molle / D: dure
☐☐☐☐

Infos des Parents? voir page ....

Sommeil ex 10h30 > 35' bien dormi
....h...... > ....
....h...... > ....
....h...... > ....

Activités: ....
....

Notes: ....
....
....
....

Date : ...../..... ....h..../....h....   **Infos des Parents?** voir page ....

Repas: ....
....
....
....
....
....

Collation(s): ....
....

Biberon(s)
......h...... > ....ml
......h...... > ....ml
......h...... > ....ml
......h...... > ....ml

Urines
☐☐☐☐
☐☐☐☐

Selles: N:normale / M:molle / D: dure
☐☐☐☐☐

Soins: ....

Sommeil ex 10h30 > 35' bien dormi
......h...... > ....
......h...... > ....
......h...... > ....

Activités: ....
....
....
....

Notes: ....
....
....
....
....
....

Date : ...../..... ....h..../....h....   **Infos des Parents?** voir page ....

Repas: ....
....
....
....
....
....

Collation(s): ....
....

Biberon(s)
......h...... > ....ml
......h...... > ....ml
......h...... > ....ml
......h...... > ....ml

Urines
☐☐☐☐
☐☐☐☐

Selles: N:normale / M:molle / D: dure
☐☐☐☐☐

Soins: ....

Sommeil ex 10h30 > 35' bien dormi
......h...... > ....
......h...... > ....
......h...... > ....

Activités: ....
....
....
....

Notes: ....
....
....
....
....
....

Date : ...../..... ....h..../....h.... **Infos des Parents**
voir page ....

Repas: ....
....
....
....
....

Sommeil ex 10h30 > 35' bien dormi
.....h..... > ....
.....h..... > ....
.....h..... > ....

Collation(s): ....
....

Activités: ....
....

Biberon(s)
.....h..... > ....ml
.....h..... > ....ml
.....h..... > ....ml
.....h..... > ....ml

Urines
☐☐☐☐
☐☐☐☐

Selles: N:normale
M:molle / D: dure
☐☐☐☐

Notes: ....
....
....

Soins: ....

Date : ...../..... ....h..../....h.... **Infos des Parents**
voir page ....

Repas: ....
....
....
....
....

Sommeil ex 10h30 > 35' bien dormi
.....h..... > ....
.....h..... > ....
.....h..... > ....

Collation(s): ....
....

Activités: ....
....

Biberon(s)
.....h..... > ....ml
.....h..... > ....ml
.....h..... > ....ml
.....h..... > ....ml

Urines
☐☐☐☐
☐☐☐☐

Selles: N:normale
M:molle / D: dure
☐☐☐☐

Notes: ....
....
....

Soins: ....

Date : ...../..... ....h..../....h.... **Infos des Parents?** voir page ....

Repas: ....
....
....
....
....
....

Collation(s): ....
....

Biberon(s)
.....h..... > ....ml
.....h..... > ....ml
.....h..... > ....ml
.....h..... > ....ml

Urines
☐ ☐ ☐ ☐
☐ ☐ ☐ ☐

Selles: N:normale / M:molle / D: dure
☐ ☐ ☐ ☐

Soins: ....

Sommeil ex 10h30 > 35' bien dormi
.....h..... > ....
.....h..... > ....
.....h..... > ....

Activités: ....
....
....
....

Notes: ....
....
....
....
....

Date : ...../..... ....h..../....h.... **Infos des Parents?** voir page ....

Repas: ....
....
....
....
....
....

Collation(s): ....
....

Biberon(s)
.....h..... > ....ml
.....h..... > ....ml
.....h..... > ....ml
.....h..... > ....ml

Urines
☐ ☐ ☐ ☐
☐ ☐ ☐ ☐

Selles: N:normale / M:molle / D: dure
☐ ☐ ☐ ☐

Soins: ....

Sommeil ex 10h30 > 35' bien dormi
.....h..... > ....
.....h..... > ....
.....h..... > ....

Activités: ....
....
....
....

Notes: ....
....
....
....
....

Date : ....../...... ....h..../....h....

Repas: ....
....
....
....
....

Collation(s): ....

Biberon(s)
......h...... > ....ml
......h...... > ....ml
......h...... > ....ml
......h...... > ....ml

Urines
☐☐☐☐
☐☐☐☐

Selles: N:normale / M:molle / D: dure
☐☐☐☐

Soins: ....

Infos des Parents? voir page ....

Sommeil ex 10h30 > 35' bien dormi
......h...... > ....
......h...... > ....
......h...... > ....

Activités: ....

Notes: ....
....
....

Date : ....../...... ....h..../....h....

Repas: ....
....
....
....
....

Collation(s): ....
....

Biberon(s)
......h...... > ....ml
......h...... > ....ml
......h...... > ....ml
......h...... > ....ml

Urines
☐☐☐☐
☐☐☐☐

Selles: N:normale / M:molle / D: dure
☐☐☐☐

Soins: ....

Infos des Parents? voir page ....

Sommeil ex 10h30 > 35' bien dormi
......h...... > ....
......h...... > ....
......h...... > ....

Activités: ....

Notes: ....
....
....
....

Date : ..... / ....h.... / ....h.... **Infos des Parents?** voir page ....

Repas: ....
....
....
....
....

Collation(s): ....
....

Biberon(s)
....h..... > ....ml
....h..... > ....ml
....h..... > ....ml
....h..... > ....ml

Soins: ....

Urines
☐ ☐ ☐ ☐
☐ ☐ ☐ ☐

Selles: N:normale / M:molle / D: dure
☐ ☐ ☐ ☐ ☐

Sommeil ex 10h30 > 35' bien dormi
....h..... > ....
....h..... > ....
....h..... > ....

Activités: ....
....
....
....

Notes: ....
....
....
....
....
....

Date : ..... / ....h.... / ....h.... **Infos des Parents?** voir page ....

Repas: ....
....
....
....
....

Collation(s): ....
....

Biberon(s)
....h..... > ....ml
....h..... > ....ml
....h..... > ....ml
....h..... > ....ml

Soins: ....

Urines
☐ ☐ ☐ ☐
☐ ☐ ☐ ☐

Selles: N:normale / M:molle / D: dure
☐ ☐ ☐ ☐ ☐

Sommeil ex 10h30 > 35' bien dormi
....h..... > ....
....h..... > ....
....h..... > ....

Activités: ....
....
....
....

Notes: ....
....
....
....
....
....

Date : ....../...... ....h..../....h.... **Infos des Parents** voir page ....

Repas: ....
....
....
....
....

Collation(s): ....
....

Biberon(s)
......h...... > ....ml
......h...... > ....ml
......h...... > ....ml
......h...... > ....ml

Soins: ....

Urines
☐ ☐ ☐ ☐
☐ ☐ ☐ ☐

Selles: N:normale
M:molle / D: dure
☐ ☐ ☐ ☐

Sommeil ex 10h30 > 35' bien dormi
......h...... > ....
......h...... > ....
......h...... > ....

Activités: ....
....
....

Notes: ....
....
....
....
....

Date : ....../...... ....h..../....h.... **Infos des Parents** voir page ....

Repas: ....
....
....
....
....

Collation(s): ....
....

Biberon(s)
......h...... > ....ml
......h...... > ....ml
......h...... > ....ml
......h...... > ....ml

Soins: ....

Urines
☐ ☐ ☐ ☐
☐ ☐ ☐ ☐

Selles: N:normale
M:molle / D: dure
☐ ☐ ☐ ☐

Sommeil ex 10h30 > 35' bien dormi
......h...... > ....
......h...... > ....
......h...... > ....

Activités: ....
....
....

Notes: ....
....
....
....
....

Date : ....../...... ....h...../....h.... **Infos des Parents?** voir page ....

Repas: ....
....
....
....
....

Collation(s): ....
....

Biberon(s)
......h...... > ....ml
......h...... > ....ml
......h...... > ....ml
......h...... > ....ml

Soins: ....

Urines ☐☐☐☐☐ ☐☐☐☐☐

Selles: N:normale / M:molle / D: dure
☐☐☐☐☐

Sommeil ex 10h30 > 35' bien dormi
......h...... > ....
......h...... > ....
......h...... > ....

Activités: ....
....
....

Notes: ....
....
....
....
....

Date : ....../...... ....h...../....h.... **Infos des Parents?** voir page ....

Repas: ....
....
....
....
....

Collation(s): ....
....

Biberon(s)
......h...... > ....ml
......h...... > ....ml
......h...... > ....ml
......h...... > ....ml

Soins: ....

Urines ☐☐☐☐☐ ☐☐☐☐☐

Selles: N:normale / M:molle / D: dure
☐☐☐☐☐

Sommeil ex 10h30 > 35' bien dormi
......h...... > ....
......h...... > ....
......h...... > ....

Activités: ....
....
....

Notes: ....
....
....
....
....

Date : ...../..... ....h..../....h....   **Infos des Parents?** voir page ....

Repas: ....
....
....
....
....

Collation(s): ....
....

Biberon(s)
.....h..... > ....ml
.....h..... > ....ml
.....h..... > ....ml
.....h..... > ....ml

Urines
☐☐☐☐
☐☐☐☐

Selles: N:normale / M:molle / D: dure
☐☐☐☐

Soins: ....

Sommeil ex 10h30 > 35' bien dormi
.....h..... > ....
.....h..... > ....
.....h..... > ....

Activités: ....
....

Notes: ....
....
....
....

Date : ...../..... ....h..../....h....   **Infos des Parents?** voir page ....

Repas: ....
....
....
....
....

Collation(s): ....
....

Biberon(s)
.....h..... > ....ml
.....h..... > ....ml
.....h..... > ....ml
.....h..... > ....ml

Urines
☐☐☐☐
☐☐☐☐

Selles: N:normale / M:molle / D: dure
☐☐☐☐

Soins: ....

Sommeil ex 10h30 > 35' bien dormi
.....h..... > ....
.....h..... > ....
.....h..... > ....

Activités: ....
....

Notes: ....
....
....
....

Date : ....../...... ....h..../....h.... **Infos des Parents?** voir page ....

Repas: ....
....
....
....
....

Collation(s): ....
....

Biberon(s)
......h...... > ....ml
......h...... > ....ml
......h...... > ....ml
......h...... > ....ml

Urines
☐☐☐☐
☐☐☐☐

Selles: N:normale / M:molle / D: dure
☐☐☐☐

Soins: ....

Sommeil ex 10h30 > 35' bien dormi
......h...... > ....
......h...... > ....
......h...... > ....

Activités: ....
....
....
....

Notes: ....
....
....
....
....
....

Date : ....../...... ....h..../....h.... **Infos des Parents?** voir page ....

Repas: ....
....
....
....
....

Collation(s): ....
....

Biberon(s)
......h...... > ....ml
......h...... > ....ml
......h...... > ....ml
......h...... > ....ml

Urines
☐☐☐☐
☐☐☐☐

Selles: N:normale / M:molle / D: dure
☐☐☐☐

Soins: ....

Sommeil ex 10h30 > 35' bien dormi
......h...... > ....
......h...... > ....
......h...... > ....

Activités: ....
....
....
....

Notes: ....
....
....
....
....
....

Date : ...../..... ....h..../....h.... **Infos des Parents** voir page ....

Repas: ....
....
....
....
....

Collation(s): ....
....

Biberon(s)
.....h...... > ....ml
.....h...... > ....ml
.....h...... > ....ml
.....h...... > ....ml
Soins: ....

Urines
☐ ☐ ☐ ☐
☐ ☐ ☐ ☐
Selles: N:normale / M:molle / D: dure
☐ ☐ ☐ ☐

Sommeil ex 10h30 > 35' bien dormi
.....h...... > ....
.....h...... > ....
.....h...... > ....

Activités: ....
....
....

Notes: ....
....
....
....
....

Date : ...../..... ....h..../....h.... **Infos des Parents** voir page ....

Repas: ....
....
....
....
....

Collation(s): ....
....

Biberon(s)
.....h...... > ....ml
.....h...... > ....ml
.....h...... > ....ml
.....h...... > ....ml
Soins: ....

Urines
☐ ☐ ☐ ☐
☐ ☐ ☐ ☐
Selles: N:normale / M:molle / D: dure
☐ ☐ ☐ ☐

Sommeil ex 10h30 > 35' bien dormi
.....h...... > ....
.....h...... > ....
.....h...... > ....

Activités: ....
....
....

Notes: ....
....
....
....
....

Date : ....../...... ....h..../....h.... **Infos des Parents?** voir page ....

Repas: ....
....
....
....
....

Collation(s): ....
....

Biberon(s)
......h...... > ....ml
......h...... > ....ml
......h...... > ....ml
......h...... > ....ml

Soins: ....

Urines ☐☐☐☐ ☐☐☐☐

Selles: N:normale / M:molle / D: dure
☐☐☐☐☐

Sommeil ex 10h30 > 35' bien dormi
......h...... > ....
......h...... > ....
......h...... > ....

Activités: ....
....
....

Notes: ....
....
....
....
....

Date : ....../...... ....h..../....h.... **Infos des Parents?** voir page ....

Repas: ....
....
....
....
....

Collation(s): ....
....

Biberon(s)
......h...... > ....ml
......h...... > ....ml
......h...... > ....ml
......h...... > ....ml

Soins: ....

Urines ☐☐☐☐ ☐☐☐☐

Selles: N:normale / M:molle / D: dure
☐☐☐☐☐

Sommeil ex 10h30 > 35' bien dormi
......h...... > ....
......h...... > ....
......h...... > ....

Activités: ....
....
....

Notes: ....
....
....
....
....

Date : ...../..... ....h..../....h....

Repas : ....
....
....
....
....

Collation(s) : ....
....

Biberon(s)
.....h..... > ....ml
.....h..... > ....ml
.....h..... > ....ml
.....h..... > ....ml

Soins : ....

Urines
☐ ☐ ☐ ☐
☐ ☐ ☐ ☐

Selles : N:normale
M:molle / D: dure
☐ ☐ ☐ ☐

Infos des Parents ? voir page ....

Sommeil ex 10h30 > 35' bien dormi
.....h..... > ....
.....h..... > ....
.....h..... > ....

Activités : ....
....

Notes : ....
....
....
....
....

Date : ...../..... ....h..../....h....

Repas : ....
....
....
....
....

Collation(s) : ....
....

Biberon(s)
.....h..... > ....ml
.....h..... > ....ml
.....h..... > ....ml
.....h..... > ....ml

Soins : ....

Urines
☐ ☐ ☐ ☐
☐ ☐ ☐ ☐

Selles : N:normale
M:molle / D: dure
☐ ☐ ☐ ☐

Infos des Parents ? voir page ....

Sommeil ex 10h30 > 35' bien dormi
.....h..... > ....
.....h..... > ....
.....h..... > ....

Activités : ....
....

Notes : ....
....
....
....
....

Date : ...../..... ....h..../....h.... **Infos des Parents?** voir page ....

Repas: ....
....
....
....
....

Collation(s): ....
....

Biberon(s)
.....h..... > ....ml
.....h..... > ....ml
.....h..... > ....ml
.....h..... > ....ml

Urines
☐☐☐☐☐
☐☐☐☐☐

Selles: N:normale / M:molle / D: dure
☐☐☐☐☐

Soins: ....

Sommeil ex 10h30 > 35' bien dormi
.....h..... > ....
.....h..... > ....
.....h..... > ....

Activités: ....
....
....

Notes: ....
....
....
....
....
....

Date : ...../..... ....h..../....h.... **Infos des Parents?** voir page ....

Repas: ....
....
....
....
....

Collation(s): ....
....

Biberon(s)
.....h..... > ....ml
.....h..... > ....ml
.....h..... > ....ml
.....h..... > ....ml

Urines
☐☐☐☐☐
☐☐☐☐☐

Selles: N:normale / M:molle / D: dure
☐☐☐☐☐

Soins: ....

Sommeil ex 10h30 > 35' bien dormi
.....h..... > ....
.....h..... > ....
.....h..... > ....

Activités: ....
....
....

Notes: ....
....
....
....
....

Date : ...../..... ....h..../....h....   **Infos des Parents** voir page ....

Repas: ....
....
....
....
....

Collation(s): ....
....

Biberon(s)
.....h...... > ....ml
.....h...... > ....ml
.....h...... > ....ml
.....h...... > ....ml

Urines
☐☐☐☐
☐☐☐☐

Selles: N:normale / M:molle / D: dure
☐☐☐☐

Soins: ....

Sommeil ex 10h30 > 35' bien dormi
.....h...... > ....
.....h...... > ....
.....h...... > ....

Activités: ....
....

Notes: ....
....
....
....
....

Date : ...../..... ....h..../....h....   **Infos des Parents** voir page ....

Repas: ....
....
....
....
....

Collation(s): ....
....

Biberon(s)
.....h...... > ....ml
.....h...... > ....ml
.....h...... > ....ml
.....h...... > ....ml

Urines
☐☐☐☐
☐☐☐☐

Selles: N:normale / M:molle / D: dure
☐☐☐☐

Soins: ....

Sommeil ex 10h30 > 35' bien dormi
.....h...... > ....
.....h...... > ....
.....h...... > ....

Activités: ....
....

Notes: ....
....
....
....
....

Date : ..../.... ....h..../....h....   **Infos des Parents?** voir page ....

Repas: ....
....
....
....
....
....

Collation(s): ....
....

Biberon(s)
.....h..... > ....ml
.....h..... > ....ml
.....h..... > ....ml
.....h..... > ....ml

Soins: ....

Urines ☐☐☐☐☐ ☐☐☐☐☐

Selles: N:normale / M:molle / D: dure
☐☐☐☐☐

Sommeil ex 10h30 > 35' bien dormi
.....h..... > ....
.....h..... > ....
.....h..... > ....

Activités: ....
....
....

Notes: ....
....
....
....
....
....

Date : ..../.... ....h..../....h....   **Infos des Parents?** voir page ....

Repas: ....
....
....
....
....
....

Collation(s): ....
....

Biberon(s)
.....h..... > ....ml
.....h..... > ....ml
.....h..... > ....ml
.....h..... > ....ml

Soins: ....

Urines ☐☐☐☐☐ ☐☐☐☐☐

Selles: N:normale / M:molle / D: dure
☐☐☐☐☐

Sommeil ex 10h30 > 35' bien dormi
.....h..... > ....
.....h..... > ....
.....h..... > ....

Activités: ....
....
....

Notes: ....
....
....
....
....

Date : ...../..... ....h..../....h.... **Infos des Parents** voir page ....

Repas: ....
....
....
....
....

Collation(s): ....
....

Biberon(s)
.....h..... > ....ml
.....h..... > ....ml
.....h..... > ....ml
.....h..... > ....ml

Soins: ....

Urines
☐ ☐ ☐ ☐
☐ ☐ ☐ ☐

Selles: N:normale / M:molle / D: dure
☐ ☐ ☐ ☐ ☐

Sommeil ex 10h30 > 35' bien dormi
.....h..... > ....
.....h..... > ....
.....h..... > ....

Activités: ....
....
....

Notes: ....
....
....
....
....

Date : ...../..... ....h..../....h.... **Infos des Parents** voir page ....

Repas: ....
....
....
....
....

Collation(s): ....
....

Biberon(s)
.....h..... > ....ml
.....h..... > ....ml
.....h..... > ....ml
.....h..... > ....ml

Soins: ....

Urines
☐ ☐ ☐ ☐
☐ ☐ ☐ ☐

Selles: N:normale / M:molle / D: dure
☐ ☐ ☐ ☐ ☐

Sommeil ex 10h30 > 35' bien dormi
.....h..... > ....
.....h..... > ....
.....h..... > ....

Activités: ....
....
....

Notes: ....
....
....
....
....

Date : ....../...... ....h..../....h.... **Infos des Parents?** voir page ....

Repas: ....
....
....
....
....
....

Collation(s): ....
....

Biberon(s)
......h...... > ....ml
......h...... > ....ml
......h...... > ....ml
......h...... > ....ml

Urines
☐ ☐ ☐ ☐
☐ ☐ ☐ ☐

Selles: N:normale
M:molle / D: dure
☐ ☐ ☐ ☐ ☐

Soins: ....

Sommeil ex 10h30 > 35' bien dormi
......h...... > ....
......h...... > ....
......h...... > ....

Activités: ....
....
....
....

Notes: ....
....
....
....
....
....
....

Date : ....../...... ....h..../....h.... **Infos des Parents?** voir page ....

Repas: ....
....
....
....
....
....

Collation(s): ....
....

Biberon(s)
......h...... > ....ml
......h...... > ....ml
......h...... > ....ml
......h...... > ....ml

Urines
☐ ☐ ☐ ☐
☐ ☐ ☐ ☐

Selles: N:normale
M:molle / D: dure
☐ ☐ ☐ ☐ ☐

Soins: ....

Sommeil ex 10h30 > 35' bien dormi
......h...... > ....
......h...... > ....
......h...... > ....

Activités: ....
....
....
....

Notes: ....
....
....
....
....
....
....

Date : ....../...... ....h....../......h...... **Infos des Parents :** voir page ....

Repas: ....
....
....
....
....

Collation(s): ....
....

Biberon(s)
......h...... > ....ml
......h...... > ....ml
......h...... > ....ml
......h...... > ....ml

Soins: ....

Sommeil ex 10h30 > 35' bien dormi
......h...... > ....
......h...... > ....
......h...... > ....

Activités: ....
....

Urines ☐☐☐☐ ☐☐☐☐

Selles: N:normale / M:molle / D:dure
☐☐☐☐

Notes: ....
....
....
....

Date : ....../...... ....h....../......h...... **Infos des Parents :** voir page ....

Repas: ....
....
....
....
....

Collation(s): ....
....

Biberon(s)
......h...... > ....ml
......h...... > ....ml
......h...... > ....ml
......h...... > ....ml

Soins: ....

Sommeil ex 10h30 > 35' bien dormi
......h...... > ....
......h...... > ....
......h...... > ....

Activités: ....
....

Urines ☐☐☐☐ ☐☐☐☐

Selles: N:normale / M:molle / D:dure
☐☐☐☐

Notes: ....
....
....
....

Date : ...../..... ....h..../....h.... ☀️☁️ **Infos des Parents?** voir page ....

Repas: ....
....
....
....
....

Collation(s): ....
....

Biberon(s)
.....h..... > ....ml
.....h..... > ....ml
.....h..... > ....ml
.....h..... > ....ml

Soins: ....

Urines
☐☐☐☐
☐☐☐☐

Selles: N:normale
M:molle / D: dure
☐☐☐☐

Sommeil ex 10h30 > 35' bien dormi
.....h..... > ....
.....h..... > ....
.....h..... > ....

Activités: ....
....

Notes: ....
....
....
....
....

Date : ...../..... ....h..../....h.... ☀️☁️ **Infos des Parents?** voir page ....

Repas: ....
....
....
....
....

Collation(s): ....
....

Biberon(s)
.....h..... > ....ml
.....h..... > ....ml
.....h..... > ....ml
.....h..... > ....ml

Soins: ....

Urines
☐☐☐☐
☐☐☐☐

Selles: N:normale
M:molle / D: dure
☐☐☐☐

Sommeil ex 10h30 > 35' bien dormi
.....h..... > ....
.....h..... > ....
.....h..... > ....

Activités: ....
....

Notes: ....
....
....
....
....

Date : ...../...... ....h..../...h.... **Infos des Parents?** voir page ....

Repas: ....
....
....
....
....
....

Collation(s): ....
....

Biberon(s)
.....h..... > ....ml
.....h..... > ....ml
.....h..... > ....ml
.....h..... > ....ml

Soins: ....

Urines
☐☐☐☐☐
☐☐☐☐☐

Selles: N:normale / M:molle / D: dure
☐☐☐☐☐

Sommeil ex 10h30 > 35' bien dormi
.....h..... > ....
.....h..... > ....
.....h..... > ....

Activités: ....
....
....

Notes: ....
....
....
....
....
....

Date : ...../...... ....h..../...h.... **Infos des Parents?** voir page ....

Repas: ....
....
....
....
....
....

Collation(s): ....
....

Biberon(s)
.....h..... > ....ml
.....h..... > ....ml
.....h..... > ....ml
.....h..... > ....ml

Soins: ....

Urines
☐☐☐☐☐
☐☐☐☐☐

Selles: N:normale / M:molle / D: dure
☐☐☐☐☐

Sommeil ex 10h30 > 35' bien dormi
.....h..... > ....
.....h..... > ....
.....h..... > ....

Activités: ....
....
....

Notes: ....
....
....
....
....
....

Date : ..... / ....h..... / ....h.... **Infos des Parents?** voir page ....

Repas: ....
....
....
....
....

Collation(s): ....
....

Biberon(s)
.....h..... > ....ml
.....h..... > ....ml
.....h..... > ....ml
.....h..... > ....ml

Urines
☐☐☐☐
☐☐☐☐

Selles: N:normale / M:molle / D: dure
☐☐☐☐

Soins: ....

Sommeil ex 10h30 > 35' bien dormi
.....h..... > ....
.....h..... > ....
.....h..... > ....

Activités: ....
....
....

Notes: ....
....
....
....
....
....

Date : ..... / ....h..... / ....h.... **Infos des Parents?** voir page ....

Repas: ....
....
....
....
....

Collation(s): ....
....

Biberon(s)
.....h..... > ....ml
.....h..... > ....ml
.....h..... > ....ml
.....h..... > ....ml

Urines
☐☐☐☐
☐☐☐☐

Selles: N:normale / M:molle / D: dure
☐☐☐☐

Soins: ....

Sommeil ex 10h30 > 35' bien dormi
.....h..... > ....
.....h..... > ....
.....h..... > ....

Activités: ....
....
....

Notes: ....
....
....
....
....
....

Date : ..... / ....h..../....h.... **Infos des Parents** voir page ....

Repas: ....
....
....
....
....

Collation(s): ....
....

Biberon(s)
.....h..... > ....ml
.....h..... > ....ml
.....h..... > ....ml
.....h..... > ....ml

Soins: ....

Urines
☐☐☐☐
☐☐☐☐

Selles: N:normale / M:molle / D: dure
☐☐☐☐

Sommeil ex 10h30 > 35' bien dormi
.....h..... > ....
.....h..... > ....
.....h..... > ....

Activités: ....
....
....

Notes: ....
....
....
....
....

Date : ..... / ....h..../....h.... **Infos des Parents** voir page ....

Repas: ....
....
....
....
....

Collation(s): ....
....

Biberon(s)
.....h..... > ....ml
.....h..... > ....ml
.....h..... > ....ml
.....h..... > ....ml

Soins: ....

Urines
☐☐☐☐
☐☐☐☐

Selles: N:normale / M:molle / D: dure
☐☐☐☐

Sommeil ex 10h30 > 35' bien dormi
.....h..... > ....
.....h..... > ....
.....h..... > ....

Activités: ....
....
....

Notes: ....
....
....
....
....

Date : ...../..... ....h..../....h.... **Infos des Parents?** voir page ....

Repas: ....
....
....
....
....

Collation(s): ....
....

Biberon(s)
.....h..... > ....ml
.....h..... > ....ml
.....h..... > ....ml
.....h..... > ....ml

Soins: ....

Urines
☐ ☐ ☐ ☐
☐ ☐ ☐ ☐

Selles: N:normale / M:molle / D: dure
☐ ☐ ☐ ☐

Sommeil ex 10h30 > 35' bien dormi
.....h..... > ....
.....h..... > ....
.....h..... > ....

Activités: ....
....
....

Notes: ....
....
....
....
....
....

Date : ...../..... ....h..../....h.... **Infos des Parents?** voir page ....

Repas: ....
....
....
....
....

Collation(s): ....
....

Biberon(s)
.....h..... > ....ml
.....h..... > ....ml
.....h..... > ....ml
.....h..... > ....ml

Soins: ....

Urines
☐ ☐ ☐ ☐
☐ ☐ ☐ ☐

Selles: N:normale / M:molle / D: dure
☐ ☐ ☐ ☐

Sommeil ex 10h30 > 35' bien dormi
.....h..... > ....
.....h..... > ....
.....h..... > ....

Activités: ....
....
....

Notes: ....
....
....
....
....
....

Informations des parents

Dates   Messages
...../.....

Dates

..../....

Messages

Dates | Messages
..... / .....

Dates	Messages
..../....	

Dates	Messages
..... /	

Dates　　Messages

.../....

Dates	Messages
..../....	

Dates   Messages

..../....

Dates	Messages
..... /	

Printed by Amazon Italia Logistica S.r.l.
Torrazza Piemonte (TO), Italy

54772995R00112